现代企业管理科学研究

刘春玉　曾笑林　杨　蓉　著

中国纺织出版社有限公司

内 容 提 要

本书中深入研究企业管理的各个方面，包括现代企业管理理论规划、现代企业制度、现代企业战略管理、现代企业生产与运作管理、现代企业质量管理、现代企业财务管理、组织领导、市场营销、运营管理、创新科技以及可持续发展等关键主题。通过系统性的研究，我们旨在为读者提供全面的管理知识，帮助他们更好地理解和应对现代企业所面临的复杂挑战。基于建筑业的特殊性，本书选择以建筑企业为例进行了详细展开。最后落实到建筑企业也能更利于读者理解。

图书在版编目(CIP)数据

现代企业管理科学研究 / 刘春玉，曾笑林，杨蓉著
. -- 北京：中国纺织出版社有限公司，2024.1
ISBN 978-7-5229-1383-4

Ⅰ. ①现… Ⅱ. ①刘… ②曾… ③杨… Ⅲ. ①企业管理—研究 Ⅳ. ①F272

中国国家版本馆 CIP 数据核字（2024）第 035034 号

责任编辑：段子君 周亚纯　　　　责任校对：高 涵
责任印制：储志伟

中国纺织出版社有限公司出版发行
地址：北京市朝阳区百子湾东里 A407 号楼 邮政编码：100124
销售电话：010—67004422 传真：010—87155801
http://www.c-textilep.com
中国纺织出版社天猫旗舰店
官方微博 http://weibo.com/2119887771
三河市延风印装有限公司印刷 各地新华书店经销
2024 年 1 月第 1 版第 1 次印刷
开本：710 × 1000 1/16 印张：10.5
字数：180 千字 定价：99.00 元

前言 PREFACE

《现代企业管理科学研究》是一本旨在探讨和深入理解现代企业管理领域的专业著作。本书深入研究企业管理的各个方面，包括管理理论、战略规划、组织领导、市场营销、运营管理、创新科技以及可持续发展等关键主题。通过系统性的研究，我们旨在为读者提供全面的管理知识，帮助他们更好地理解和应对现代企业所面临的复杂挑战。基于建筑企业的特殊性，本书选择以建筑企业为例进行了详细展开。最后落实到建筑企业也能更好的利于读者理解。

第一章为导论，提供了研究的背景与动机。我们将回顾管理学的发展历程，介绍研究的目的与问题，以及研究方法与范围，为读者提供全书的框架。第二章将深入探讨现代企业管理理论基础。我们将追溯管理学的演进与发展，介绍现代管理思想与理论，以及管理科学与决策理论的重要概念，帮助读者建立坚实的理论基础。第三章将关注战略管理与现代企业竞争优势。我们将讨论战略规划与定位、竞争分析与战略选择，以及战略实施与绩效评估等关键主题，帮助读者了解如何制定并执行成功的战略。第四章将深入研究现代企业组织与领导。我们将探讨组织结构与设计、领导与管理团队，以及变革管理等关键议题，帮助读者了解如何构建高效的组织和领导团队。第五章将聚焦现代企业市场营销与客户关系管理。我们将讨论市场研究与市场定位、定价策略与促销策略，以及客户满意度与忠诚度管理等关键概念，帮助读者提高市场竞争力。第六章将研究现代企业运营管理与供应链管理。我们将深入探讨生产与质量管理、成本管理与生产效率提升，以及供应链优化与物流管理等关键主题，帮助读者实现高效运营。第七章将探讨现代企业创新与科技管理。我们将讨论创新管理与研发、数字化转型与信息技术管理等关键议题，帮助读者在不断变化的科技环境中保持竞争力。第八章将关注企业的可持续发展并以建筑企业为例进行讨论。我们将讨论企业的社会责任、环境管理与绿色建筑，以及建筑企业的可持续发展策略，帮助读者理解并实践可持续经营的重要性。

本书的目标是为读者提供全面的企业管理知识，帮助他们在现代商业环境中获得成功。我们深信，通过深入研究和理解这些关键主题，读者能够更好地应对挑战，实现企业的长期可持续发展。我们希望本书对读者的学术和职业发展有所帮助，激发读者对现代企业管理领域的兴趣。

刘春玉

2023 年 10 月

目录
CONTENTS

第一章　导论

第一节　研究背景与动机

一、全球企业管理趋势

全球企业管理领域一直在不断演变和发展，同时会受到多种因素的影响。

（一）数字化转型的崛起

数字化转型已成为全球企业管理的重要趋势，其背后有强大的技术支持。以下是数字化转型的关键方面：

第一，云计算的普及。云计算技术允许企业将数据和应用程序存储在云端，实现更高效的数据管理和资源共享。这不仅提高了数据安全性，还降低了IT成本。

第二，大数据分析。大数据技术允许企业分析大规模数据集，从中提取有价值的信息和见解。这有助于企业更好地理解客户需求、市场趋势和竞争态势。

第三，人工智能应用。人工智能（AI）和机器学习已经开始在企业管理中发挥作用，用于自动化决策、客户服务和生产流程优化。

第四，物联网的整合。物联网（IoT）技术使物理设备和传感器能够互相连接和交换数据。这为生产、供应链管理和设备维护提供了更多机会。

企业需要更好地利用数字工具，以提高效率、创新产品和服务，并与客户更紧密地互动。但是数字化转型可能产生风险，如数据安全问题等，因此需要细致地规划和管理。

（二）全球化竞争的加剧

全球化竞争已成为企业管理领域的核心挑战。以下是全球化竞争的关键方面：

第一，市场扩张。企业不再局限于本地市场，而是积极寻求国际市场的机会，从而带来了机会也加剧了竞争。

第二，贸易自由化。国际贸易政策的变化和贸易自由化促使企业在全球范围内更自由地进行交易。然而，这也提升了国际竞争的激烈程度。

第三，供应链的复杂性。全球化要求企业建立复杂的全球供应链，管理供应商、分销商和物流。这需要更高水平的供应链管理技能。

第四，文化多样性。国际市场涉及不同文化和价值观，企业需要适应不同的文化，以更好地服务客户和合作伙伴。

全球化竞争要求企业制定更具竞争力的战略，不断寻找创新和提高效率的机会，同时也需要更好的了解国际市场并提升国际关系管理能力。

（三）可持续经营的迫切需求

可持续经营已经成为全球企业管理不可忽视的趋势。以下是可持续经营的主要方面：

第一，社会责任。企业越来越注重社会责任，包括慈善捐赠、公益活动和社区参与。社会责任不仅增强了企业声誉，还满足了社会期望。

第二，环保实践。企业越来越关注环境保护，采取了一系列措施，如减少碳排放、资源回收和节能减排。可持续性在产品设计和生产中也受到了重视。

第三，可持续供应链。企业在供应链中寻求可持续的解决方案，包括采用可再生能源、减少包装浪费和提高供应商的社会责任。

第四，投资社会创新。一些企业积极投资社会创新项目，与社会企业和非政府组织合作，解决社会问题并创造社会价值。

可持续经营要求企业在经济、社会和环境之间取得平衡，同时推动可持续发展目标的实现。这需要领导者更加注重企业的长期影响，并积极寻找创新的方式来提高可持续性。

（四）人才管理与领导力挑战

人才管理和领导力已经成为企业成功的关键因素。以下是人才管理和领导力挑战的关键方面：

首先，人才招聘竞争。寻找和吸引高素质的员工已经变得更具挑战性，尤其是在技术领域。

其次，领导力发展。领导者需要不断发展，以适应不断变化的管理环境。他们需要具备创新、管理的技能。

再次，员工参与和满意度。员工参与和满意度对于维持高绩效团队至关重要。管理者需要创建积极的工作环境和文化。

最后，多样性和包容性。多样性在工作场所的重要性日益凸显。企业需要采取措施，确保包容性文化和公平机会。

人才管理和领导力挑战要求企业关注人力资源策略、领导力发展和员工关系管理，以建立强大的组织和团队。

二、挑战与机遇

在全球企业管理领域，存在一系列挑战和机遇，这些因素对企业的成功和可持续发展产生深远影响。

（一）全球不确定性

全球不确定性是当前企业管理面临的一个重大挑战。以下是一些主要因素：

第一，全球供应链风险。全球供应链的复杂性使企业容易受到供应中断的影响。突发事件，如自然灾害或政治局势紧张，可能干扰供应链。因此，供应链风险管理至关重要。

第二，贸易政策变化。贸易政策的频繁变化和保护主义政策的崛起对全球化企业产生直接影响。企业需要密切关注并调整战略以适应新的贸易环境。

全球不确定性也带来了机遇。企业可以通过创新、多元化市场和风险管理策略来应对挑战，并在不稳定的环境中找到发展机会。

（二）科技领域的快速创新

科技领域的快速创新既带来了机遇，也带来挑战：

第一，技术过时。技术进步如此之快，以至于企业的现有技术可能很快过时。这意味着企业需要不断更新和升级技术设备，以保持竞争力。

第二，数字化转型机会。快速创新为企业提供了数字化转型的机会。采用新技术，如人工智能、大数据分析和物联网，可以提高效率、降低成本并创新产品和服务。

因此企业应积极采纳新技术，建立创新文化，并与技术供应商和初创企业建立合作关系，以把握快速创新带来的机遇。

（三）市场多样性与个性化需求

市场多样性和个性化需求是企业面临的重要挑战和机遇之一：

首先，个性化生产对企业来说是一项挑战，但也是一个巨大的机遇。现代消费者越来越追求独特的产品和服务，传统的大规模生产方式难以满足这一需求。因此，企业需要采取灵活的生产方式，如定制化生产、3D 打印等，以满足不同客户的需求。这意味着企业需要重新设计生产流程，提高生产线的灵活性，并加强供应链的协同合作，以确保产品能够按客户的要求进行定制。

其次，数据驱动决策在实现个性化需求方面起关键作用。大数据分析技术使企业能够更好地了解客户的偏好、行为和需求。通过分析大数据，企业可以预测客户未来的需求趋势，从而更好地满足这些需求。此外，数据还可以用于个性化营销和用户体验的提升。通过个性化推荐、定制化的营销策略以及个性化的客户服务，企业可以提高客户的忠诚度，从而提升竞争力。

再次，市场细分是应对市场多样性的关键策略之一。市场越来越细分，不同细分市场的需求差异越来越大。企业需要在多个细分市场中建立存在感，并了解每个市场的独特需求。这可能需要不同的产品定位、营销策略和分销渠道。同时，市场细分还要求企业不断创新，以满足不同市场的不断变化的需求。

最后，市场多样性和个性化需求不仅是挑战，也是机遇。企业需要不断调整和优化其业务模式，以适应这些变化。通过采用灵活的生产方式、数据驱动决策和市场细分策略，企业可以更好地满足客户需求，提高竞争力，实现可持续发展。

（四）人才招聘与培养

人才招聘和培养一直是企业管理中的重要挑战和机遇：

第一，人才竞争激烈是当今企业面临的首要挑战之一。高素质的员工对于企业的成功至关重要，尤其是在技术领域，这一挑战更为突出。为了吸引和留住优秀人才，企业需要制定具有吸引力的招聘政策。这包括提供竞争性的薪酬和福利，以及明确的职业发展机会。企业还需要积极参与校园招聘、建立与高校的合作关系，以吸引年轻有潜力的人才。此外，构建丰富多彩的企业文化也是吸引人才的关键因素，因为员工更愿意加入并留在能够提供有意义工作和良好工作环境的企业。

第二，培训和发展是提高员工技能和绩效的关键。员工的能力和知识水平对企业的竞争力和创新能力产生直接影响。因此，企业需要投资于培训计划，以确保员工具备所需的技能。培训计划应该包括持续的职业发展机会、技术培训、领导力发展以及适应新技术和工作方法的培训。此外，企业还可以提供资助员工参加外部培训和学习的机会，以拓宽员工的知识面和技能。通过建立健全的培训和发展体系，企业可以提高员工的工作满意度和绩效水平，同时增强员工的忠诚度。

第三，员工满意度对企业的长期成功至关重要。满意度调查和员工反馈是了解员工需求和改进工作场所的关键工具。满意度高的员工更有可能保持忠诚，提高绩效，减少企业员工流失率。因此，企业应该定期进行满意度调查，并采取措施解决员工关切的问题。这包括改善工作条件、提供更好的职业发展机会、提供员工福利、促进工作与生活的平衡等。此外，建立积极的员工反馈机制，鼓励员工分享意见和建议，有助于改进组织的运营、改善企业文化。

三、研究的重要性

本研究的重要性在于深入分析和理解全球企业管理领域的现状、挑战和机遇。

（一）战略规划和决策支持

战略规划是企业成功的基石，它包括识别目标、分析外部环境、制订战略计划以实现长期目标。研究在这一领域的重要性表现在：

第一，应对不断变化的环境。全球市场竞争激烈，政治、经济、社会、技术等因素不断发生变化。研究有助于企业领导者了解这些变化，制定灵活的战略，以迎接新的挑战和机遇。

第二，决策支持。企业面临众多决策，从市场投资到产品开发。研究提供了数据和分析，帮助领导者做出明智的、基于证据的决策，减少风险并提高成功率。

（二）组织发展与领导力培养

组织发展和领导力培养是企业在不断变化的环境中保持竞争力的关键。研究在这一领域的重要性表现在：

第一，适应性领导力。随着企业环境的不断变化，领导力要求也要发生相应的变化。研究探讨如何培养适应性领导力，以帮助企业领导者更好地应对不确定性和变化。

第二，员工发展。员工是企业的最重要资产。研究提供了关于最佳实践的见解，包括培训、绩效管理和员工激励，以提高员工满意度和绩效。

（三）市场营销和客户关系管理

市场营销和客户关系管理是企业成功的关键，特别是在竞争激烈的市场中。研究在这一领域的重要性表现在：

第一，市场分析。研究提供了有关市场趋势、竞争对手和客户需求的关键信息，帮助企业优化产品定位和市场策略。

第二，定价策略。定价是决定企业盈利能力的重要因素。研究可以提供定价策略的最佳实践，以确保企业能够获得合理的利润。

第三，客户满意度管理。忠诚的客户是企业的重要资产。研究关注客户满意度的管理方法，帮助企业建立长期的客户关系，提高客户忠诚度。

（四）可持续经营与社会责任

可持续经营和社会责任是现代企业不可或缺的组成部分。研究在这一领域的重要性表现在：

第一，可持续经营的最佳实践。企业需要在经济、社会和环境方面取得平衡。研究提供了关于可持续经营的实际建议，帮助企业在多方面取得成功。

第二，社会责任。企业在社区和环境方面的行为对公众形象和公司声誉产生深远影响。研究关注社会责任的管理方法，帮助企业履行其社会义务。

第二节　研究目的与问题

一、主要研究目标

第一，分析全球企业管理领域的现有趋势与发展，以洞察管理环境的演化。全球企业管理领域的趋势和演化对企业领导者至关重要，因为它们对战略决策和资源分配起指导作用。本研究旨在：一是深入分析当前全球企业管理领域的主要趋势，包括数字化转型、可持续经营、全球供应链、多样化的工作力量等。通过调查和文献综述，揭示这些趋势的本质和影响。二是借助前瞻性分析，试图预测未来几年内可能出现的管理趋势。这有助于企业领导者更好地准备应对潜在的变革和机遇。三是总结对管理趋势的分析，为企业领导者提供战略洞察，帮助他们适应不断变化的管理环境。

第二，探讨全球企业管理面临的关键挑战，分析其根本原因，并提供解决方案。企业管理领域面临众多挑战，这些挑战会对企业的长期成功产生负面影响。本研究的目标：一是深入研究全球企业管理面临的主要挑战，包括人才招聘与培养、市场多样性与个性化需求、全球竞争等。分析这些挑战的本质和原因。二是基于研究结果，为企业提供以应对挑战的具体解决方案和建议，包括人才管理策略、市场战略、创新方法等。三是评估实施解决方案的效果，包括其对企业绩效和可持续性的影响。通过案例研究和数据分析，量化解决方案的成功度。

第三，评估全球企业管理的重要性，揭示有效管理对企业成功的影响。有效管理是企业成功的关键因素之一，但其具体影响往往需要进一步研究和验证。本研究旨在：一是量化管理重要性。通过实证研究和数据分析，量化有效管理对企业绩效、利润和市场地位的影响。这将强调管理在企业成功中的关键作用。二是研究成功案例。深入研究一些企业的管理成功案例，分析其管理实践、战略选择和绩效表现，以提供有关成功因素的见解。三是为企业领导者提供启示。总结研究结果，为企业领导者提供实际建议，帮助他们更好地理解管理对于企业的战略价值，并将这些启示融入管理实践中。

二、关键研究问题

第一，全球企业管理趋势是什么？它们如何演变？对企业产生了哪些影响？

企业管理领域的趋势对于企业的战略规划至关重要。本书深入探讨以下问题：

首先，我们详细研究当前全球企业管理领域的主要趋势，如数字化转型、全球化竞争、可持续经营、人才招聘与培养等。这包括对各个趋势的定义、特征和现状的分析。

其次，我们追踪这些趋势的演变历程，探讨它们是如何在过去几年内逐渐崭露头角的，并预测它们在未来几年可能的发展趋势。

再次，我们分析这些趋势对企业的影响因素，包括战略决策、组织结构、市场竞争、客户需求等。这有助于企业领导者更好地理解如何应对这些趋势。

最后，我们研究这些趋势对企业的实际影响，包括对盈利能力、市场份额、创新能力和可持续性的影响。通过案例研究和数据分析，我们将量化这些影响。

第二，全球企业面临的主要挑战是什么？这些挑战的根本原因是什么？有哪些解决方案？

企业在不断变化的环境中面临各种挑战，理解这些挑战的根本原因并提供解决方案至关重要。本书深入研究以下问题：

首先，我们明确定义全球企业管理领域的主要挑战，如市场多样性、技术创新、全球竞争、人才管理等。这将涉及挑战的特征和现状的详细分析。

其次，我们深入分析这些挑战的根本原因，探讨这些问题变得如此突出的原因。这涉及外部因素，如市场动态，也涉及内部因素，如组织结构。

再次，我们提出解决方案和最佳实践，以应对这些挑战。这包括战略调整、技术应用、人才管理策略等方面的建议。

最后，我们评估这些解决方案的实施效果，包括其对企业绩效、风险管理和可持续性的影响。这将通过案例研究和数据分析来完成。

第三，管理对企业成功的影响是什么？有效管理实践如何提高企业绩效和可持续性？

管理是企业成功的关键，但其确切影响需要深入研究和量化。本书关注以下问题：

首先，我们分析管理对企业绩效、盈利能力和市场竞争力的关键影响因素。这包括战略规划、领导力、组织文化等方面的研究。

其次，我们将识别有效的管理实践和策略，通过案例研究和实证研究来验证这些实践的成功性。这有助于企业领导者了解如何改进自己的管理实践。

再次，我们将通过数据分析和绩效指标来量化管理对企业绩效的影响。这有助于企业领导者更好地理解管理的战略价值。

最后,我们将提供关于如何改进管理实践以提高企业绩效和可持续性的建议。这将是本研究的实际应用和政策建议的关键部分。

三、研究假设

假设 1：数字化转型是全球企业管理的主要趋势之一，对企业的竞争力和效率产生积极影响。

数字化转型是当前企业管理领域的热点话题，被认为具有潜在的积极影响。本书深入探讨这一假设，并关注以下方面：

首先，我们明确定义数字化转型，并阐述其在企业管理中的关键特征，如数据分析、自动化、云计算等。

其次，我们研究数字化转型在不同领域的应用，包括生产制造、供应链管理、市场营销和客户服务等。这将有助于理解数字化转型的多样性。

再次，我们分析数字化转型对企业竞争力和效率的积极影响因素，包括降低成本、提高生产效率、增强创新能力等。

最后，我们评估数字化转型的潜在益处，但同时要考虑可能的挑战，如安全性、隐私问题和员工技能培训等。

假设 2：全球化竞争加剧了企业管理的挑战，但同时为企业提供了更多更新的市场机会。

全球化竞争是当今企业面临的重要挑战之一，但也为企业带来了新的机会。本书关注以下方面：

首先，我们将定义全球化竞争，并分析其特征，如市场饱和度、国际竞争对手、贸易政策等。

其次，我们详细探讨全球化竞争对企业管理的挑战，包括市场准入、文化差异、法规遵从等方面的问题。

再次，我们考察全球化竞争背后的市场机会，包括跨国市场扩张、国际合作和全球供应链的优势。

最后，我们研究企业可以采取的战略，以在全球化竞争中获得优势，包括市场定位、国际市场进入策略等。

假设 3：可持续经营和社会责任成为企业管理的重要组成部分，对企业声誉和可持续性产生重大影响。

可持续经营和社会责任已经成为企业管理中的关键议题，对企业形象和可持续性产生深远影响。本书重点关注以下方面：

首先，我们明确定义可持续经营和社会责任，并阐述它们在企业管理中的角色。

其次，我们将分析可持续经营和社会责任对企业声誉和可持续性的影响因素，包括环境管理、社区参与、道德经营等。

再次，我们将研究可持续经营和社会责任在品牌建设和社会效益方面的作用，以及它们如何与企业的核心价值观相结合。

最后，我们将讨论企业实施可持续经营和社会责任策略的方式，并评估这些策略对企业声誉和可持续性的实际效果。

第三节　研究方法与范围

一、数据收集方法

（一）文献综述法

文献综述是研究的基础，通过系统性地梳理并分析已有的学术研究与实际报告，有助于建立研究的理论框架和背景。以下是文献综述的主要特点：

首先，广泛的文献搜索。我们将进行广泛的文献搜索，包括学术期刊、书籍、行业报告、研究论文和行业杂志等。这将确保我们收集全面准确的信息，并涵盖各个方面的全球企业管理。

其次，系统的文献分析。我们将对收集的文献进行系统性分析，包括内容摘要、关键观点、方法论、研究结果和结论。这将有助于识别和理解当前的管理趋势与挑战。

最后，理论框架建立。基于文献综述的结果，我们将建立研究的理论框架，包括关键概念和假设的制定。这将为后续的数据收集和分析提供指导。

（二）问卷调查法

问卷调查是用于收集大规模数据的有效方法，有助于了解广泛的管理实践和观点。以下是问卷调查的主要特点：

首先，目标受访者。我们将设计定量问卷，并面向企业高管、管理专业人员以及业界专家进行分发。这样，我们可以获得来自不同领域和层次的观点与数据。

其次，多领域覆盖。问卷将涵盖各个管理领域，包括战略管理、人才管理、市场营销、可持续经营等。这有助于我们深入了解各个方面的管理实践和看法。

最后，定量数据分析。通过问卷调查收集的数据进行定量分析，包括统计分析、趋势分析和相关性分析。这有助于验证假设和发现潜在的关联性。

（三）深度访谈法

深度访谈是获取详细信息和深入洞察的关键方法，特别适用于研究中的定性数据收集。以下是深度访谈的主要特点：

第一，受访者选择。我们将进行一系列深度访谈，涵盖企业领导者、行业专家和学者。这样，我们可以获得不同层次和角度的见解与经验。

第二，开放性问题。访谈将采用开放性方式，允许受访者自由发表意见和观点。这有助于我们收集深入的定性数据。

第三，案例分析。在深度访谈中，我们将进行案例分析，研究成功的管理实践和策略。这将为研究提供实际案例和实证支持。

二、数据分析方法

（一）定量数据分析法

从问卷调查中收集的定量数据将被提交到统计软件进行深入分析。以下是定量数据分析的主要方法：

首先，使用描述性统计方法对数据进行总结和可视化呈现，包括平均值、标准差、频率分布、直方图等。这有助于我们了解数据的基本特征。

其次，运用回归分析来探讨不同变量之间的关系，特别是管理实践和趋势与企业绩效之间的关联性。这有助于我们验证假设并识别关键因素。

最后，进行相关性分析，以了解不同变量之间的相关性程度。这有助于我们确定哪些因素对于企业管理的重要性。

（二）质性数据分析法

从深度访谈中收集的质性数据将经过系统的分析，以深入理解管理领域的关键问题、挑战和最佳实践。以下是质性数据分析的主要方法：

首先，进行内容分析，通过对访谈记录和文本数据的系统性分类和编码，以识别出现频率较高的主题和关键观点。

其次，采用主题编码的方法，将访谈数据归类为不同的主题和子主题。这有助于我们整理和厘清复杂的质性数据。

最后，寻找数据中的模式和趋势，以了解管理实践的共性和差异，以及不同受访者之间的共鸣点和观点分歧。

（三）综合分析法

首先，通过对定量数据的分析，确定全球企业管理领域的主要趋势和关键变化。例如，可以识别数字化转型在企业管理中的普及程度，以及它对企业竞争力和效率的实际影响。还可以了解全球化竞争对不同行业的影响程度，并评估可持续经营和社会责任在企业管理中的普及情况。这些趋势的分析将为企业领导者提供如何在不断变化的环境中制定战略的指导。

其次，通过深入挖掘定量数据，以探索不同管理领域之间的关联性。例如，分析管理实践和企业绩效之间的回归关系，以确定哪些管理实践对于提高绩效最为关键。还可以通过相关性分析识别不同变量之间的关联程度，帮助企业领导者了解哪些因素对于管理成功至关重要。这有助于验证我们的研究假设，并提供实际的数据支持。

再次，通过对质性数据的深入分析，深入了解管理领域的关键问题和挑战。通过内容分析和主题编码，可以识别出现频率较高的主题，例如，管理者在数字化转型中面临的难题，企业在可持续经营方面的最佳实践，以及全球化竞争带来的文化差异等。这有助于揭示在管理实践中常常被忽视的问题，为企业提供更深入的见解。

最后，进行综合分析，将定量数据分析和质性数据分析的结果结合起来，以提供全面的管理洞察。通过探讨不同趋势、挑战和管理实践之间的相互关系，并提供如何应对这些挑战和利用管理趋势的实际建议。我们还将回答研究的关键问题，例如，全球企业管理趋势的演化、面临的主要挑战、有效管理对企业成功的影响，等等。这有助于企业领导者制定更具战略性和可持续性的决策，以适应不断变化的管理环境。

三、研究范围和限制

（一）研究范围

首先，本书聚焦于在全球企业管理领域的趋势、挑战和最佳实践。这是一个复杂而多样化的领域，它涵盖了各种关键管理领域，包括战略管理、人才管理、市场营销、可持续经营等多个领域。这种广泛的范围使我们能够深入研究企业管理的多个方面，揭示各领域之间的相互关系以及如何综合应对挑战和抓住机遇。

其次，在战略管理领域，通过研究企业如何制订和执行战略计划，以在竞争激烈的市场中脱颖而出。这包括分析不同行业和市场的竞争态势以及全球化对战略规划的影响。

再次，在人才管理领域，我们将关注如何吸引、培养和保留高素质的员工。这方面的研究包括招聘策略、员工培训和发展、绩效评估以及领导力发展等方面。

最后，在市场营销和可持续经营领域，通过研究市场分析、客户关系管理、可持续经营实践以及企业的社会责任。有助于企业更好地理解如何满足不断变化的市场需求，同时实现社会和环境的可持续性目标。

（二）研究样本

首先，在研究过程中，我们必须承认一个现实，那就是时间和资源是有限的。尽管我们将尽最大努力来获取有代表性的样本，但由于这些限制，我们必须谨慎地对样本的规模和多样性进行规划和选择。

其次，我们将采用抽样方法，以确保样本在某种程度上能够代表全球企业管理领域的多样性。这意味着我们将选择不同行业、不同规模的企业，以及不同地理位置的受访者，以尽量减小样本偏差的风险。同时，我们还将选择来自不同管理领域的受访者，如战略管理、人才管理、市场营销和可持续经营等领域的专业人员。

再次，尽管我们将采取多样化的方法来选择受访者，但必须指出的是，由于样本量的限制，我们的研究结果可能无法完全代表全球所有企业的情况。每个企业都是独特的，其管理挑战和最佳实践可能因多种因素而异，包括行业、地理位置、公司规模等。因此，我们将强调研究结果的一般性，并鼓励进一步的研究来探索不同情境下的管理实践。

最后，尽管样本有限，但我们将采取科学的方法和分析技术来确保研究结果的可靠性和可信度。我们将谨慎地解释研究的范围和限制，以便读者能够理解结果的适用性。同时，我们也将在讨论中提供如何推广研究结果以及未来研究方向的建议，以便深入探讨和拓展这一领域的知识。

（三）时间限制

首先，对于本研究而言，时间是一种重要的资源限制。研究将在一定时间内完成，这在某种程度上会对研究的深度和广度产生影响。在有限的时间内，我们将竭尽全力收集、分析和解释尽可能多的数据和信息，但必须承认，时间限制会导致无法覆盖所有相关问题和案例。

其次，全球企业管理领域是一个充满活力和不断演变的领域。新的管理趋势和挑战不断涌现，这些趋势在本研究期间未能充分考虑。例如，技术创新、市场变化和全球事件都可能在研究进行期间对企业管理产生重大影响。因此，必须谨慎地将研究结果置于时间背景下，明确指出研究的时间范围和局限性。

再次，为了应对时间限制，我们将采取一系列策略来确保研究的实质性和时效性。这包括高效的数据收集和分析方法，以及密切关注当前的管理趋势和热点问题。同时，我们也将尽量确保研究结果能够为当前的企业领导者和决策者提供如何应对管理挑战和利用管理趋势的实际建议。

最后，尽管时间存在限制，但本书尽力提供对全球企业管理领域有价值的见解。以严谨的方法论和分析技术进行研究，以确保研究结果的可靠性和可信度。同时，我们期盼未来的研究能填补本研究无法涵盖的领域，以深入探讨和更新管理领域的知识。

（四）自陈述偏见

首先，在进行问卷调查和深度访谈时，必须认识到一种潜在的偏见，即自陈述偏见。这种偏见涉及受访者在回答问题或分享观点时，受到他们个人看法、经验和情感的影响，从而使他们的回答更加主观化。在研究中，通过采取一系列措施来最小化和处理这种自陈述偏见，以确保获得客观、准确和有用的数据。

其次，为了最小化自陈述偏见，我们在设计问卷调查和深度访谈时采取以下策略：一是保持匿名性。我们将确保问卷调查的受访者匿名回答问题，这将减小他们因担心个人信息泄露而受到的影响，鼓励他们提供更诚实的回答。二是多角度提问。我们将采用多种方式来提问，以在问题设计上减少主观性。这包括使用开放式问题、封闭式问题和评分量表等，以获得更全面的数据。三是验证信息。在深度访谈中，我们将努力验证受访者的观点和陈述。这意味着我们将与多个受访者进行交叉验证，以确保数据的一致性和可信度。

再次，在数据分析过程中，通过采用客观的方法来解释自陈述数据。这包括对数据的统计分析、内容分析和主题编码等方法，尽可能减小主观性影响，并提供客观的结论。

最后，在研究报告中透明地讨论自陈述偏见的可能性，并明确指出在结果解释中的任何潜在风险。这有助于读者正确理解数据的性质，并谨慎使用研究结果。

第二章　现代企业管理理论基础

第一节　管理学的演进与发展

一、传统管理学派

传统管理学派是管理学发展历程中的起点，它的兴起可以追溯到 19 世纪末和 20 世纪初。这一时期，工业革命促进了工业生产和企业的快速增长，迫使人们开始思考如何有效地组织和管理企业资源。传统管理学派主要包括科学管理学、行政管理学和人际关系学。

（一）科学管理

科学管理学，作为管理学领域的重要分支，于 20 世纪初由弗雷德里克·泰勒（Frederick Taylor）等学者提出，代表着管理学的现代化起步。这一学派在管理思想和实践中引入了一系列重要观念，强调通过科学方法来提高工作效率和生产率。

1. 科学管理的概念与起源

（1）科学管理的概念

科学管理，也被称为"泰勒主义"，是管理学领域的重要分支，其核心概念是通过科学方法来提高工作效率和生产率。它强调了对工作流程和生产活动的科学分析和规划，以取得最佳的生产绩效。科学管理的理论奠定了现代管理学的基础，产生深远影响。

（2）科学管理的起源

科学管理学派的起源可以追溯到 20 世纪初。弗雷德里克·泰勒被认为是科学管理学派的创始人。泰勒在《科学管理与工程》（*The Principles of Scientific Management*）一书中首次提出了科学管理的核心理念。他的工作始于对工厂工人工作方法的观察和分析，旨在寻找提高工作效率的方法。

2. 科学管理的重要观念与原则

首先，工作分析和工作标准化。科学管理学派强调工作的科学分析和工作标准化。这包括研究工作流程、时间和动作，以找出最有效的方法来完成任务。工作标准化有助于减少浪费和提高工作效率。

其次，薪酬激励体系。科学管理提出，薪酬应该与工作的产出和绩效直接相关，以激励员工更加努力地工作。这导致薪酬体系的重大改革，使工资与绩效挂钩成为一种常见实践。

最后，管理者与工人的合作。尽管科学管理着重于工作流程的科学化，但它也强调管理者与工人之间的合作。泰勒主张管理者应该与工人合作，以确保实施科学管理原则。这一观念有助于改善工作关系和提高员工对管理层的信任。

3. 科学管理的影响与争议

首先，科学管理的影响。科学管理的观念和原则对工业生产和组织管理产生了深远影响。它引入了科学方法和数据分析，提高了生产效率，改进了质量控制。这些观念为现代生产和管理实践提供了重要的基础。

其次，科学管理的争议。尽管科学管理在提高工作效率方面取得了显著成就，但它也引起了一些争议。批评者认为，它过于强调任务分工和机械性的工作，忽视员工的心理和社会需求。此外，还有一些人批评科学管理的实施可能导致员工的机械化和不满。

4. 科学管理的演化与当代应用

首先，科学管理的演化。随着管理学领域的不断演化，科学管理的观念也逐渐发生变化。现代管理理论强调更多的员工参与、团队协作和领导力发展。然而，科学管理的原则仍然在一些产业和领域中有所应用，特别是在生产和制造领域。

其次，当代应用。虽然科学管理的观念已经发生变化，但它仍然对一些管理实践产生了影响。例如，精益生产和六西格玛等方法仍然强调效率和质量控制，这些方法受到了科学管理的启发。此外，一些组织仍然采用基于绩效的薪酬激励体系，以激发员工的工作动力。

（二）行政管理

行政管理学是管理学领域的一个重要分支，由法国工程师亨利·法约尔（Henry Fayol）于 20 世纪初首次提出。法约尔的理论强调了管理的通用原则和职能，对组织管理产生了深远影响。

1. 计划

首先，计划在管理中的重要性不可忽视。它是管理的起点，涉及制定组织的长期和短期目标。通过计划，管理者可以明确组织的使命和愿景，并为实现这些目标制定策略和战略计划。计划还有助于资源分配的决策，确保组织能够有效地利用其有限的资源，以应对未来的挑战。

其次，计划包括战略计划、战术计划和操作计划。战略计划是长期的，通常为 3 ~ 5 年，它们旨在确定组织的长期方向和目标。战术计划是中期的，通常为 1 ~ 3 年，用于指导各部门和团队如何实现战略计划中的目标。操作计划是短期的，通常为一个年度，用于具体规划和协调日常业务活动。

再次，制订计划的步骤包括确定组织的使命和愿景、分析内外部环境、设定目标、制定战略、制订战术计划和操作计划，以及制定预算。这些步骤需要数据支持和管理者的深思熟虑，以确保计划的有效性和可行性。

又次，计划的执行和监督是计划过程中的关键步骤。计划的成功不仅依赖于其制定阶段，还取决于计划的实际执行和监督。管理者需要确保计划按照预定的时间表和预算执行，并及时采取纠正措施，以应对不可预测的挑战和变化。

最后，计划对组织的战略性和长期发展产生深远影响。通过明确的计划，组织可以更好地应对市场竞争、技术变革和外部环境的变化。计划还有助于组织建立长期可持续性，并确保资源的有效利用，从而为组织的未来成功奠定坚实基础。

2. 组织

首先，明确组织的概念。组织是一个复杂的实体，由不同的人、财、物构成，旨在实现共同的目标和使命。管理者需要将这些资源分配到不同的职能和部门，以确保工作的有序进行。组织的目标包括提高效率、实现战略目标、满足客户需求等。

其次，组织结构的设计是组织过程的核心。组织结构是组织内部各部门和职能之间关系的框架，它决定了信息流、决策权和工作分配方式。常见的组织结构类型包括功能性结构、分工结构、矩阵结构等。不同的结构类型适用于不同的组织需求，管理者需要根据组织的性质和目标来选择适当的结构。

再次，权责和职责的分配是组织中的关键问题。管理者需要明确各部门和职位的职责，确保各层级的员工都清楚他们的工作内容和职权。透明的权责分配有助于避免混淆和冲突，提高工作效率。此外，权责分配也涉及决策权的下放，使员工能够更好地应对工作中的挑战。

最后，部门和团队的建立是实现协作和工作协调的重要手段。部门通常根据功能、地理位置或产品线划分，它们负责执行特定的职能和任务。同时，跨部门的团队也可以根据需要成立，以应对特定项目或挑战。通过建立有效的部门和团队，组织可以更好地协调工作流程，实现协同作业，提高绩效。

3. 指挥

首先，深入探讨指挥作为管理中的领导职能。指挥不仅仅是下达指令或命令，它还涵盖广泛的领导技能和责任，旨在激发、引导和支持员工，以确保他们能够高效地履行组织的任务和职责。

其次，领导力是指挥职能的核心组成部分。领导者必须展现出卓越的领导品质，包括愿景、决策力、沟通能力、团队合作和道德操守等。他们需要为员工树立榜样，引导员工朝着共同的目标努力。有效地领导可以建立信任和尊重，激发员工的积极性和忠诚度。

再次，指挥包括任务分派和工作指导。管理者需要了解员工的能力和技能，将任务分配给最合适的人员，并提供必要的培训和资源，以确保任务能够顺利完成。此外，管理者还需要为员工提供明确的工作方向和目标，以便员工知道他们如何为整个组织的成功做出贡献。

又次，激励员工也是指挥的重要方面。管理者需要了解员工的需求和动机，采取措施激发他们的工作热情。这包括提供奖励和认可、创造舒适的工作环境、支持员工的个人和职业发展等。通过激励，员工将更有动力为组织的成功而努力工作。

最后，指挥与沟通密切相关。管理者需要有效地沟通组织的愿景、目标和期望，以确保员工清楚他们的角色和责任。沟通还包括倾听员工的意见和反馈，以便更好地了解他们的需求。开放和透明地沟通有助于建立积极的工作关系和团队合作。

4. 协调

首先，协调作为管理中不可或缺的职能，对于组织的有效运作至关重要。它涉及确保各部门和活动之间的协作和协调，以最大限度地提高组织的效率和绩效。协调不仅仅是管理者的责任，还需要每个员工积极参与，以确保整个组织能够协同工作。

其次，协调的核心目标是避免冲突和资源浪费。在一个组织内部，不同的部门和职能通常会追求各自的目标和利益，从而引发竞争和冲突。通过协调，管理者可以调节不同部门之间的利益冲突，找到共同的利益点，从而减少内部冲突，提高工作效率。此外，协调还有助于避免资源的浪费，因为它可以确保资源的有效利用，避免重复和过度消耗。

再次，协调涉及与各部门协商和合作，以确保它们的活动相互协调，以支持整体组织的目标。这需要管理者具备协商、沟通和决策的能力。管理者必须明智地分配资源，合理安排工作流程，确保各部门之间的信息流通畅，以便他们可以共同追求组织的战略目标。

又次，协调还涉及对组织结构的设计和调整。组织结构必须支持各部门之间的协作和协调。管理者需要不断评估组织结构的有效性，确保它能够适应外部环境和内部需求两者的不断变化。有时候，管理者需要重新组织部门，重新分配职责，以确保协调的顺畅进行。

最后，协调对组织的效率和绩效产生深远影响。缺乏协调可能导致内部混乱，减缓决策过程的速度，降低工作效率。相反，有效的协调可以帮助组织更好地应对挑战，更迅速地作出决策，提高整体绩效。协调还有助于组织更好地满足客户需求，提高客户满意度，增强市场竞争力。

5. 控制

首先，控制作为管理中的最后一个关键职能，是管理过程的关键步骤，它旨在确保组织的目标和计划得以有效实施。控制的核心职责包括监督、评估和纠正，以便组织能够持续改进和适应不断变化的环境。

其次，绩效指标的建立是控制过程的重要组成部分。管理者需要确定用于度量组织绩效的关键指标和标准。这些指标包括财务指标（如利润、销售额）、操作指标（如生产效率、交付时间）、客户满意度、员工绩效等。通过建立明确的绩效指标，管理者可以量化组织的绩效，并将其与预期目标进行比较。

再次，评估是控制的一个重要环节。管理者需要定期收集数据和信息，对组织的绩效进行评估。这包括对比实际绩效与预期绩效之间的差距，以及分析导致这些差距的原因。评估有助于识别问题和机会，为制定纠正措施提供依据。

又次，控制还包括采取纠正措施来解决问题。一旦发现绩效偏差或问题，管理者需要迅速采取行动，以防止问题进一步恶化。纠正措施包括调整计划、重新分配资源、改进流程、提供培训和指导等。纠正措施的目标是将组织重新引导到正确的轨道上，确保目标的实现。

最后，控制有助于组织保持适应性。不断变化的外部环境和市场要求组织能够灵活应对。通过控制，管理者可以及时发现问题，并迅速调整组织的方向和策略。这有助于组织保持竞争力，适应市场变化，并实现长期的可持续成功。

（三）人际关系学

人际关系学是传统管理学派中的一个重要分支，它的代表人物是埃尔顿·梅奥（Elton Mayo）。梅奥的研究在 20 世纪初的工业背景下，强调了员工的社会和心理需求对工作绩效的重要性，对管理理论和实践产生了深远影响。

1. 哈桥实验

梅奥的哈桥实验这一经典研究项目对管理学和组织心理学产生了深远影响。哈桥实验是一系列旨在研究工作条件如何影响员工绩效和行为的实验，于1924 ~ 1932 年在美国伊利诺伊州芝加哥市的西部电力公司的西部电厂进行。

实验的背景是当时的工业生产环境，工厂工人在恶劣的工作条件下工作，包括高温、噪声和长时间工作。梅奥及其团队认为，改善工作条件可能会提高员工的生产力和满意度，于是展开了一系列实验。

实验的核心是研究光照对员工绩效的影响。研究人员逐渐增加了工作区域的光照强度，从而改善了工作条件。然而，令人惊讶的是，随着光照的增加，员工的绩效并没有如预期那样稳步提高。这一结果挑战了当时普遍认为工作条件是决定员工绩效的主要因素的观念。

研究团队还研究了休息时间对员工绩效的影响。他们逐渐增加了员工的休息时间，但结果同样令人吃惊。休息时间的增加并没有明显提高员工的绩效。

梅奥及其团队开始深入分析实验结果，逐渐发现了一个重要变量：员工之间的社会互动和情感需求。他们发现，员工在工作中建立了强烈的社会联系，相互交流和支持，形成了紧密的小团体。这些社交关系对员工的情感需求起到了重要作用，员工感到被关心、被重视时，表现出更高的工作积极性和效率。

这一发现对管理理论产生了深远影响。它突出了员工的社交需求和情感需求对工作满意度和绩效的重要性，挑战了过去强调工作条件和任务分工的管理观念。人际关系在组织中的作用日益显著，管理者开始更加重视员工之间的合作和互动，创建鼓励开放沟通和团队合作的工作环境，以提高员工满意度和绩效。

2. 人际关系对工作满意度的影响

第一，梅奥的研究强调了员工的情感需求和社交因素对工作满意度的深刻影响。工作满意度是指员工对其工作的整体满意程度，它不仅取决于工作本身的性质，还受到与同事、领导以及整个工作环境之间的人际关系的影响。梅奥的哈桥实验对后续研究产生了深远影响。

第二，社会互动对工作满意度至关重要。梅奥的研究发现，员工在工作中建立了紧密的社会联系，形成了小团体。这些社交关系不仅提供了情感支持，还有助于解决工作中的问题和挑战。当员工感到他们在组织中有支持系统时，他们更有可能感到满意并对工作产生积极态度。

第三，情感需求对满意度的影响是显著的。员工希望在工作中被认可、被理解和被关心。如果组织能够满足这些情感需求，员工更有可能对工作产生积极的情感，提高工作满意度。这也强调了管理者的重要角色，他们需要倾听员工的需求，建立互信和尊重的关系，以满足员工的情感需求。

第四，组织文化和领导风格也在工作满意度中扮演关键角色。梅奥的研究启发了对组织文化和领导风格对员工满意度的研究。积极的组织文化强调开放沟通、合作和互信，这有助于提高员工满意度。而支持型的领导风格可以建立良好的人际关系，促进员工的工作满意度。

第五，梅奥的研究成果对管理实践产生了重要启示。管理者逐渐认识到，工作满意度不只是提供良好的工作环境所能达到的，还需要关注员工之间的人际关系和情感需求。积极的人际关系和情感支持可以提高员工的工作满意度，降低员工流失率，增强员工忠诚度，提高组织的绩效。

3.组织人际关系和文化

第一，人际关系学的理念对组织文化和员工关系产生了深远影响。组织文化是指组织内部的共享价值观、信念和行为规范，它对员工行为和绩效产生巨大影响。梅奥的研究使管理者意识到，良好的人际关系是塑造积极组织文化的关键要素之一。

第二，管理者开始更加重视建立积极的组织文化。积极的组织文化强调开放沟通、合作、互信和共享价值观。这种文化鼓励员工积极参与组织生活，建立良好的人际关系，追求共同的目标。这不仅有助于提高员工的工作满意度，还有助于增强员工的忠诚度和归属感。

第三，开放沟通是积极组织文化的重要组成部分。管理者开始倡导开放、透明的沟通，鼓励员工分享想法和意见。这种开放沟通有助于建立互信，减少信息不对称，提高组织的透明度。员工感到他们的声音被听到和重视，这增强了他们对组织的认同感，提高了工作满意度。

第四，团队合作也成为组织文化的核心要素。管理者鼓励员工在团队中合作，共同解决问题和实现目标。团队合作可以促进知识共享、创新和协作，提高工作效率和绩效。员工在合作中建立了良好的人际关系，这不仅有助于工作的顺利进行，还提高了工作满意度。

第五，积极的组织文化对员工关系产生了积极影响。员工之间的互信、尊重和支持是积极组织文化的重要体现。积极的组织文化有助于减少内部冲突和摩擦，提高员工的工作满意度。员工在积极的文化中更容易建立良好的人际关系，共同合作、共同成长。

二、现代管理学派

现代管理学派从 20 世纪中叶开始兴起，反映了经济、社会和技术变革。现代管理学派包括系统管理、信息管理、战略管理等。

（一）系统管理

系统管理强调组织是一个复杂的系统,各部分相互关联。这一理论由卡尔•韦茨（Karl Weick）和彼得 • 森格（Peter Senge）等人发展，鼓励管理者将组织视为互动的元素，以更好地适应环境变化。

1. 系统管理的理论框架

系统管理是现代管理学派中的一个重要分支，其核心概念在于将组织视为一个复杂的系统，强调各部分之间的相互关联和互动。这一理论的起源可以追溯到卡尔 • 韦茨（Karl Weick）和彼得 • 森格（Peter Senge）等管理学家的工作。系统管理的兴起是对传统管理观念的重要挑战，它强调了管理者需要更深入地理解组织内外部的互动关系，以更好地适应不断变化的环境。

系统管理强调了系统思维的重要性。管理者被鼓励将组织看作一个相互联系的整体,而不是孤立的部分。这一概念强调了组织各部分之间的相互依赖和影响。在系统管理的框架下，管理者需要考虑如何优化整个系统，而不只是优化其中的某一部分。这意味着管理者需要深入了解各部门和员工之间的相互作用，以更好地协调和优化组织的运作。

系统管理理论要求管理者具备综合性管理能力。管理者需要考虑整个组织的运作，了解不同部门之间的依赖关系，并制定综合性的战略和政策。这要求管理者具备跨部门协作的技能，能够促进不同部门之间的有效沟通和合作。跨部门协作有助于消除信息孤岛问题，提高组织的协同效率，从而增强组织的竞争力。

2. 系统管理的实际应用

首先，系统管理的理论框架在各种类型的组织中都有广泛的应用。在企业领域，管理者可以利用系统管理来优化供应链、生产流程和市场营销策略。在政府和非营利组织中，系统管理有助于管理者更好地协调各部门的工作，提高公共服务效率。此外，系统管理还在危机管理和项目管理等领域发挥了重要作用。

其次，系统管理理论对管理实践产生了深远影响。它强调综合性管理和跨部门协作的必要性，鼓励管理者超越传统的部门边界，思考整个组织的运作。系统管理还强调了信息的重要性，管理者需要更好地了解组织内外部的信息流动，以做出明智的决策。

（二）信息管理

信息管理在数字时代崛起，强调信息技术在管理中的作用。企业资源规划（ERP）和客户关系管理（CRM）等系统在企业中被广泛应用，有助于企业更好地进行信息管理和做出决策。

1. 信息管理的概念与兴起

（1）信息管理的概念

信息管理是现代管理学派中的重要理论和实践领域，它强调信息技术在管理中的作用。信息管理的核心概念在于有效地收集、存储、处理和传递信息，以支持组织的决策制定和运营活动。这一领域包括数据管理、知识管理、信息系统和信息技术的应用等。

（2）信息管理的兴起

信息管理的兴起可以追溯到数字时代的到来。随着计算机技术的发展和互联网的普及，信息的产生和传播速度大幅增加。企业和组织开始认识到，有效地管理这一海量的信息对于提高决策效率、优化运营和维护竞争优势至关重要。因此，信息管理逐渐崭露头角，并迅速成为组织管理中的关键组成部分。

2. 信息管理的实际应用

企业资源规划（ERP）。企业资源规划（ERP）系统是信息管理领域的一个重要应用。ERP 系统旨在整合组织内部的各部门和功能，包括财务、人力资源、供应链管理等，以实现信息的共享和流动。通过 ERP 系统，组织能够实时监控和管理各项业务活动，提高决策的准确性和时效性。ERP 系统的应用有助于组织更好地规划资源、提高效率，从而降低成本并提高竞争力。

客户关系管理（CRM）。客户关系管理（CRM）系统是另一个重要的信息管理应用。CRM 系统旨在帮助组织建立和维护与客户之间的良好关系，以提高客户满意度、保持客户忠诚度，并实现销售增长。通过 CRM 系统，组织可以追踪客户互动、了解客户需求，从而更好地定制产品和服务，提供个性化的客户体验。CRM 系统的应用有助于组织更好地理解市场，优化销售策略，并提高客户互动的质量。

（三）战略管理

战略管理强调了长期规划和竞争优势的重要性。迈克尔·波特（Michael Porter）提出的五力模型和海因茨·韦里克提出的 SWOT 分析法等工具成为制定战略的重要方法。

1. 战略管理的概念与起源

（1）战略管理的概念

战略管理是现代管理学派的一个核心分支，它强调长期规划和竞争优势的重要性。战略管理的核心概念在于制订和执行组织的长期目标和计划，以获取竞争优势并实现组织的愿景。这一领域包括策略制定、战略实施和战略评估等方面。

（2）战略管理的起源

战略管理的起源可以追溯到20世纪中期。那个时期，管理学家开始关注组织在不断变化的商业环境中的长期规划和竞争策略。迈克尔·波特等学者的工作推动了战略管理理论的发展。波特五力模型和SWOT分析等工具成为制定战略的重要方法，对管理实践产生了深远影响。

2. 战略管理的实际应用

首先，战略制定。战略管理的一个重要方面是战略制定。在这个过程中，组织需要分析外部竞争环境，了解市场趋势和竞争对手的策略。同时，组织还需要审视内部资源和能力，明确自身的优势和劣势。基于这些分析，组织可以制定长期战略，明确愿景和目标，并确定实施策略的路径。

其次，战略实施。战略实施是将战略转化为行动的关键阶段。它要求组织有效地配置资源，分配任务，监督进展，并进行必要的调整。战略实施的成功依赖于领导层的决心和组织内部的合作。管理者需要确保各级员工理解并支持战略目标，以确保战略的顺利执行。

最后，战略评估。组织需要定期评估战略的执行情况，并根据反馈信息进行调整。这包括监测关键绩效指标，分析战略的效果，识别问题并采取纠正措施。战略评估有助于组织保持适应性，并确保战略与不断变化的环境相一致。

第二节　现代管理思想与理论

一、马斯洛需求理论

马斯洛需求理论，又称为需求层次理论，是一种重要的心理学理论，由心理学家亚伯拉罕·马斯洛（Abraham Maslow）提出。该理论旨在解释人类的需求和动机，将这些需求划分为五个不同的层次，构建了一个层次化的需求模型。

（一）生理需求

生理需求是需求层次理论中的最基本层次。这些需求涉及人类的基本生存和生理健康，是满足其他需求层次的前提。

在工作环境中，满足员工的生理需求至关重要。以下是生理需求在组织管理中的重要性和实际应用：一是薪酬和福利。为了满足员工的基本需求，组织需要提供足够的薪酬，以确保员工能够满足食物、住房、医疗和其他日常开支。此外，提供福利计划，如健康保险、医疗补贴和退休计划，有助于员工在生理需求方面感到安全和满足。二是工作条件。提供安全、卫生和合适的工作条件是满足员工的生理需求的关键。这包括提供适当的通风、温度控制、饮用水和卫生设施。员工需要在工作中感到舒适和安全，以确保他们的身体能够正常工作。三是工作时间和休息。管理者应确保员工有足够的休息时间。过长的工作时间和缺乏休息会导致员工的身体疲劳产生健康问题。合理的工作时间安排和休息时间可以提高员工的生理健康和工作效率。

满足生理需求对于员工的工作满意度和绩效至关重要。如果员工的基本需求没有得到满足，他们会感到不满、焦虑或不安，从而影响他们的工作表现。此外，员工会寻求其他机会，以满足他们的生理需求，这会导致员工流失问题。

管理者应该认识到，虽然满足生理需求是基础，但员工的需求不仅仅局限于这一层次。管理者需要在满足生理需求的同时，考虑更高层次的需求，如安全需求、社交需求、尊重需求和自我实现需求，以建立更健康、满意和高效的工作团队。

（二）安全需求

安全需求是需求层次理论中的第二层次。这一层次关注的是人们对身体安全、健康和未来稳定性的需求。在工作环境中，满足员工的安全需求是维护员工幸福感和工作绩效的重要因素。

以下是安全需求在组织管理中的重要性和实际应用：一是安全的工作条件。管理者应确保工作场所的安全，包括提供适当的安全设备和培训，以降低工作中的风险。员工需要在工作中感到安全，才能充分投入工作，不受担忧和威胁的干扰。二是职业发展机会。为员工提供职业发展机会是满足其安全需求的关键方面。员工需要知道他们的工作不仅是短期的，还有长期的职业前景。提供培训、晋升机会和职业规划可以增强员工的安全感。三是福利计划。提供综合的福利计划，如医疗保险、健康补贴、退休计划和工伤保险，有助于员工感到他们在健康和财务方面受到保护。这些福利计划为员工提供了未来的稳定性和安全感。

满足安全需求有助于员工在工作中感到放心和安心，从而提高工作满意度和工作效率。如果员工感到工作场所不安全或没有职业前景，他们会产生焦虑和不满，这会导致员工流失问题。

管理者需要综合考虑员工的不同需求层次，包括生理需求、社交需求、尊重需求和自我实现需求。满足这些需求有助于建立积极的工作环境，促进员工的健康和幸福，从而为组织的成功和发展做出贡献。管理者的任务是识别和满足员工的多样化需求，以创建有利于员工和组织的平衡。

（三）社交需求

社交需求是需求层次理论中的第三层次。这一层次强调了人们对社交联系、归属感和亲近关系的需求。在工作环境中，满足员工的社交需求是建立积极工作氛围和提高员工满意度的关键因素之一。

以下是社交需求在组织管理中的重要性和实际应用：一是团队合作。鼓励员工之间的团队合作和协作是满足社交需求的一种方式。通过共同努力完成任务，员工能够建立亲密的工作关系，感到归属于一个支持型的社交团队。二是社交互动机会。组织可以提供各种社交互动机会，如团队建设活动、培训课程和社交活动。这些机会有助于员工建立友情和亲近关系，提高他们的工作满意度。三是积极的工作关系。管理者应鼓励员工建立积极的工作关系，减少冲突和敌对性。员工在友好和支持性的工作环境中更容易满足其社交需求，感到愉快和满意。

满足社交需求对员工的心理健康和幸福感非常重要。当员工感到他们在工作中有社交支持系统，他们更容易表现出积极的态度，与同事合作，共同实现组织目标。

管理者可以通过认识员工的个体差异，了解他们的社交需求，以个性化的方式满足这些需求。建立积极的社交文化和鼓励员工之间的互动有助于组织建立强大的团队，从而提高工作绩效和员工满意度。

（四）尊重需求

尊重需求是需求层次理论中的第四层次，它强调了人们对他人的尊重和认可的需求。在职场环境中，满足员工的尊重需求对于建立积极的工作氛围和提高员工满意度至关重要。

以下是尊重需求在组织管理中的重要性和实际应用：一是提供晋升机会。组织可以通过提供晋升和职业发展机会来满足员工的尊重需求。当员工看到他们的工作和成绩被认可，并有机会在组织中晋升，他们会更有动力并产生满足感。二是赞扬和奖励。管理者可以通过定期赞扬员工的工作成绩和提供奖励来满足他们的尊重需求。这包括表扬员工的卓越表现，提供奖金或奖励计划，以及为员工的贡献予以公开认可。三是，尊重观点和意见。员工希望他们的观点和意见在组织中得到尊重和采纳。管理者可以通过建立开放的沟通渠道，鼓励员工分享他们的看法，并将这些看法纳入决策过程中，来满足这一需求。

满足尊重需求对员工的自尊心和自信心有积极影响。当员工感到他们的工作和贡献受到尊重和认可时，他们更有信心并更有动力履行自己的职责。管理者应该了解员工的个体差异，以更好地满足他们的尊重需求。个性化的赞扬和认可可以增强员工的工作满意度，并促使他们更加投入工作。总之，尊重需求的满足有助于建立积极的企业文化，提高员工的工作绩效和满意度。

（五）自我实现需求

自我实现需求是需求层次理论中的最高层次。它代表了人类对个人成长、实现潜力和自我提高的需求。在工作环境中，员工自我实现需求的满足有助于提高工作满意度和绩效。

以下是自我实现需求在组织管理中的重要性和实际应用：一是提供挑战性的任务。管理者可以通过分配具有挑战性的任务和项目来满足员工的自我实现需求。这些任务要求员工不断学习和发展新的技能，从而有机会激发自己的潜力。二是职业发展机会。组织可以为员工提供职业发展和晋升机会，以支持他们自我潜力。这包括培训、导师计划和职业规划支持。三是创新和自主权。员工通常渴望参与创新和决策过程，因为这有助于他们实现自我需求。管理者可以鼓励员工提出新想法、参与创新项目，并赋予他们更多的自主权。

自我实现需求的满足有助于员工感到工作有意义，并在工作中体现更高的自我驱动力。员工可能会主动寻求新的挑战和机会，以追求个人成长和发展。

管理者在满足员工自我实现需求时应关注员工的个体差异。不同员工可能有不同的自我实现目标和愿望，因此需要个性化的支持和指导。总之，满足自我实现需求可以激发员工的潜力，提高他们的工作满意度，并有助于组织取得更大的成功。

二、管理风格模型

管理风格模型关注领导者在组织中的行为和决策方式，以及与员工之间的互动方式。其中，伦西斯·利克特（Rensis Likert）提出的四种管理系统是一个著名的管理风格模型，它反映了不同领导风格的特征和影响。

（一）权威型管理系统

1. 理论概述

权威型管理系统是一种领导风格，强调领导者的权威和决策权。在这种管理系统中，领导者通常会单向传达政策和决策，而员工的角色主要是服从和执行。

领导者在制定组织目标和策略时起主导作用，员工的反馈和建议往往受到限制。这种管理系统通常用于紧急情况或需要快速决策的环境中，以确保迅速行动。

权威型管理系统的特征。一是集中权力。在权威型管理系统中，领导者拥有集中的权力和决策权。他们通常负责制定组织的政策和战略，而员工的任务是执行这些政策。二是单向沟通。信息流通通常是单向的，从领导者到员工。领导者传达指令、政策和决策，而员工的反馈通常有限。三是决策效率。这种管理系统在需要迅速决策的情况下表现出色，因为领导者能够快速做出决策并将其传达给员工。四是权威和纪律。员工被期望服从领导者的权威，并遵守组织的规章制度。纪律通常是严格的，以确保执行政策和决策。五是适用场景。这种管理系统通常应用于紧急情况、危机管理、军事组织和传统的层级组织中。

权威型管理系统的优点。一是快速决策。领导者可以快速做出决策，适用于需要即时行动的情况。二是强有力的领导。这种系统有助于维护强有力的领导和组织纪律。三是适用于危机管理。在危机管理和应急情况下，权威型管理可以确保迅速采取行动。

权威型管理系统的缺点。一是缺乏员工参与。员工的意见和建议通常被忽视，这会导致创新受限。二是压抑创造力。过度强调权威和纪律会抑制员工的创造力和积极性。三是导致不满。员工感到不满，因为他们缺乏参与决策的机会，这会导致员工流失和不稳定。

2. 理论应用

权威型管理系统在某些情况下可以是有效的，尤其是在危机管理或应对紧急情况时。管理者在这种情况下需要迅速制定决策，并确保员工快速执行，使组织能够有效地应对挑战。然而，过度使用权威型管理会导致员工的不满和创造力受到抑制。因此，在实践中，管理者需要谨慎权衡何时使用这种管理风格，使其合适性和有效性。

权威型管理在紧急情况下的应用。一是危机管理。危机管理是权威型管理系统的经典应用场景。当面临自然灾害、突发事件或危机时，组织需要快速做出决策并迅速行动。领导者在这种情况下必须拥有权威和决策权，以协调救援和应对措施。二是，紧急决策。某些情况下需要迅速制定决策，例如当生产线发生故障或供应链中断时，领导者必须迅速采取行动，最大限度地减小损失。

权威型管理的挑战。一是员工不满。过度依赖权威型管理会导致员工不满。员工感到他们没有机会发表意见或参与决策，这会影响工作满意度和员工忠诚度。二是创造力受限。权威型管理通常限制了员工的创造性思维和创新。员工不愿提出新的想法或解决问题，因为他们认为领导者不会接受。三是高压力环境。在权威型管理系统下，领导者通常面临更大的压力，因为他们需要迅速做出决策，并承担更多的责任。

权威型管理的合适性和有效性。一是合适性取决于情境。管理者需要根据情境和紧急程度来确定是否使用权威型管理。在紧急情况下，权威型管理是最合适的选择，但在日常业务中需要更加民主和参与的决策过程。二是灵活性。管理者应该具备灵活性，根据具体情况选择合适的管理风格。在危机时期使用权威型管理，而在创新和创造性解决问题时鼓励员工参与。三是员工培训和发展。为了提高员工的满意度和创造力，管理者可以投资于员工培训和发展，以提高其能力和自信心，使其积极参与决策过程。

综上所述，在实践中，权威型管理应被视为一种管理工具，而不是通用解决方案。

（二）咨询型管理系统

1. 理论概述

咨询型管理系统是一种管理风格，强调领导者与员工之间的双向沟通和合作。在这种管理系统中，领导者不仅会主动提供指导和方向，还会积极征求员工的意见、建议和反馈。最终的决策权仍然归领导者，但员工的参与程度较高，他们感到自己的声音被听到和重视。这种管理系统强调建立开放的沟通渠道，以促进组织内部的信息流动和合作。

2. 理论应用价值

咨询型管理系统在许多组织中被广泛应用，因为它具有以下优点和应用价值：

第一，增强员工投入感。咨询型管理鼓励员工积极参与决策过程，使他们感到自己的贡献对组织的发展至关重要。这可以增强员工的投入感，提高他们的士气和工作满意度。当员工感到自己的声音被听到和重视时，他们更有动力为组织做出贡献。

第二，提高团队合作。咨询型管理系统有助于建立团队合作和协作的文化。通过促使员工分享意见和想法，组织可以更好地利用集体智慧，解决问题并制订创新型的解决方案。这种开放的沟通氛围有助于减少内部冲突，提高团队效能。

第三，优化决策质量。咨询型管理系统允许领导者从多个角度获得信息和见解。通过征求员工的意见和建议，领导者可以更全面地了解组织内部的问题和机会。这有助于制定更具针对性和有效性的决策，减少了盲点和错误决策的可能性。

第四，增加员工承诺。当员工感到他们的声音被听到并对组织的决策产生影响时，他们更有可能对组织的目标和价值产生共鸣，并承诺为其工作。这有助于提高员工的忠诚度和组织文化的稳定性。

第五，适用于复杂问题。咨询型管理系统特别适用于处理复杂问题和挑战。在这种情况下，领导者需要收集多方面的信息和意见，以制定综合的解决方案。员工的参与有助于解锁创新性的思考，为组织提供更多的解决方案选择。

（三）参与型管理系统

1. 理论概述

参与型管理系统是一种管理风格，强调员工的参与和决策权。在这种管理系统中，领导者与员工一起制定决策，员工在组织事务中拥有更多的自主权和责任。这种管理系统鼓励员工积极参与问题解决和目标制定过程。领导者不仅提供指导，还鼓励员工分享意见、提出建议，并参与组织决策的制定。最终的决策可能是共同做出的，员工在决策过程中扮演了重要角色。

2. 理论应用价值

参与型管理系统通常适用于需要团队协作和创新的环境中。它有助于员工发挥创造力和自我激励，因为员工感到他们对组织的未来具有更大的影响力。管理者在这种环境中扮演着辅助和指导的角色，鼓励员工共同努力实现目标。以下是参与型管理系统的一些理论应用价值：

第一，提高员工投入感。参与型管理系统的一个显著应用是提高员工的投入感。通过让员工参与决策和问题解决，他们感到自己的意见和建议受到尊重和重视。这鼓励员工更积极地参与工作，因为他们认为自己的贡献对组织的成功至关重要。他们愿意投入更多的时间和精力，因为他们认为自己是组织的一分子，而不仅仅是雇员。

第二，激发员工创造力。参与型管理系统有助于员工发挥创造力。员工被鼓励提出创新性的想法和解决方案，而不仅仅是按部就班地执行任务。他们感到自己有权决策和影响组织的方向，这会激发他们的创造力。员工的不同观点和经验可以带来新的思考方式，推动组织不断进步和创新。

第三，增强团队协作。参与型管理系统促进了团队协作的文化。员工通常需要共同制定决策，这要求他们要具有合作精神和沟通能力。这种合作精神有助于减少内部冲突，提高团队效率。员工更倾向于共享信息和资源，因为他们明白这对整个团队和组织的利益都有好处。

第四，提高员工满意度。员工参与决策的过程可以显著提高他们的满意度。

他们感到自己受到重视，对组织的决策有更大的信心。他们知道自己的声音被听到，并且有机会影响组织的方向。这种参与感有助于提高员工满意度，使他们积极履行自己的职责。

第五，适用于复杂问题。参与型管理系统特别适用于处理复杂问题和挑战。当面对复杂性问题时，员工的多样化经验和观点有助于组织更好地理解问题的本质，并提出更全面的解决方案。由于员工参与了问题的识别和解决，他们更有动力将这些解决方案付诸实践，从而提高组织的适应性和应对能力。

（四）委托型管理系统

1. 理论概述

委托型管理系统是一种管理风格，将更多的权力和责任下放给员工。在这种管理系统中，领导者相信员工能够独立完成任务和决策，并鼓励员工进行自主管理。这种管理系统强调员工的自我管理和自主性，领导者通常提供支持和资源，而不是详细的指导。

在委托型管理系统中，员工被视为能够承担更多责任，他们被赋予权利作出决策，并对自己的工作负责。领导者的职责是建立信任、提供指导和支持，以确保员工能够成功完成任务。该管理系统有助于激发员工的主动性和创造力，从而提高工作效率和满意度。

2. 理论应用价值

委托型管理系统通常适用于高度自主和有经验的员工，他们具备完成任务所需的技能和知识。以下是委托型管理系统的一些理论应用价值：

第一，提高员工自主性。委托型管理系统鼓励员工更积极地参与决策和问题解决。通过赋予员工权利进行自主管理，他们可以自主决定工作流程、采用的方法和解决问题的途径。这不仅提高了员工的自主性，还激发了他们的自我激励和创造力。员工不再是任务的执行者，而是问题的解决者和创新者。

第二，激发员工潜力。委托型管理系统为员工提供了发挥其潜力的机会。员工不再受到详细的指导和限制，而是鼓励根据自己的判断和专业知识来完成任务。这种自由度有助于员工探索新的方法和解决方案，发挥他们的创造力。员工能够发现并发展自己的技能和潜力，从而为组织的成功做出更大贡献。

第三，提高员工满意度。委托型管理系统通常使员工具有更高的满意度。员工在工作中享有更多的自由度和责任，这使得他们的工作富有挑战和意义。他们不再接受烦琐的指令和监督，而是能够在工作中展现自己的能力。这种工作体验通常与更高的工作满意度和职业满足度相关联。

第四，适应复杂性任务。委托型管理系统适用于处理复杂性任务和问题。员工可以根据任务的性质和要求自主决策，并采取适当的行动。这消除了在等待领导者指导时可能出现的延迟，使组织更具适应性和应对能力。复杂性任务通常需要创新性和灵活性，委托型管理系统为员工提供了实现这些要求的机会。

第五，建立信任文化。委托型管理系统建立在信任的基础上。领导者信任员工的能力和专业知识，并为他们提供必要的支持和资源。这种信任文化有助于建立更强的组织内部信任，提高协作和合作。员工感到自己受到尊重和信任，因此更有动力为组织的成功做出贡献。

三、领导力理论

（一）理论概述

领导力理论是一门研究领导者如何影响和指导团队以实现组织目标的学科领域。这一领域涵盖了多种理论和模型，试图解释领导者在不同情境下的行为和特质如何影响团队的绩效。以下是一些重要的领导力理论：

1. 变革型领导理论

变革型领导理论强调领导者的能力，能够激发员工的潜力，鼓励创新，并推动组织实现变革和成长。这种领导者通常具有激励和鼓舞他人的能力，能够建立愿景并有效沟通，以激发团队成员的积极性。

2. 情境领导理论

情境领导理论认为领导行为是受情境影响的，不同的情境需要不同的领导风格。该理论强调领导者需要根据团队的需求和情境的特点来调整他们的行为。例如，在危机情境下，领导者需要采取果断和指令式的领导风格，而在创新型项目中应注重团队合作和自主性。

3. 任务导向领导理论

任务导向领导理论关注领导者如何明确目标，规划任务，监督员工的工作，以确保任务按计划完成。这种领导风格通常强调任务的完成和绩效评估，领导者会设定明确的目标，提供具体的指导，监测进度，并采取必要的纠正措施。

（二）理论应用

领导力理论对于领导者的培训和发展至关重要。了解不同的领导力理论有助于管理者选择适当的领导风格，并展现自己的领导能力。以下是领导力理论的一些重要应用：

1. 领导者的培训和发展

领导力理论提供了一种框架，可以用来培训和发展领导者。通过了解不同领导风格的优点和局限性，管理者可以选择适合自己和组织的方法来提高领导力。培训包括领导技能的各个方面，如沟通、决策、团队建设等。

2. 识别和提拔领导者

领导力理论有助于识别潜在的领导者。通过评估员工的领导潜力和特质，组织可以将符合领导职位的候选人安排在适合的领导岗位上。这有助于确保组织的领导层具备必要的领导素质。

3. 领导团队和组织变革

不同的领导风格在不同情境下会产生不同的效果。领导者可以根据情境的特点来调整自己的领导行为，以更好地应对挑战和机遇。例如，当组织变革时，采用变革型领导风格更有利于激发员工的支持和参与。

4. 提高团队绩效

领导力理论也可以用来指导团队的管理和领导。了解不同领导风格的优势和适用情境有助于团队领导者更好地规划团队的工作，激发团队成员的潜力，提高绩效。

第三节　管理科学与决策理论

一、决策分析方法

决策分析方法是管理科学与决策理论中的重要分支，旨在帮助管理者更好地理解和解决复杂的决策问题。这些方法通常会对问题进行建模、数据收集和分析，以制定最优决策，其具体步骤如下。

（一）决策问题建模

决策问题建模是决策分析方法的第一步。在这一阶段，管理者需要清晰地定义问题，并将其转化为数学或定量模型。这通常包括确定决策变量、目标函数和约束条件。建模过程有助于将问题结构化，使其更容易分析和解决。

（二）数据收集与分析

数据在决策分析中起着至关重要的作用。管理者需要收集与问题相关的数据，以支持模型的构建和分析。数据分析方法包括统计分析、数据挖掘、模拟等，用于从数据中提取有价值的信息，并为决策提供依据。

（三）多属性决策分析

多属性决策分析涉及评估不同决策方案的多个属性或标准。这些属性包括成本、效益、风险、可行性等。管理者需要使用决策分析工具和技术，如决策矩阵、加权得分法、敏感性分析等，来比较不同方案，并选择最佳决策。

（四）风险管理与决策

在实际决策中，风险是一个不可避免的因素。管理者需要使用风险分析方法，如概率模型、决策树分析、蒙特卡洛模拟等，来评估决策的风险和不确定性。这有助于制定风险管理策略，并在决策中考虑风险因素。

（五）多目标决策

有些决策问题涉及多个决策目标，这些目标可能相互矛盾。多目标决策分析方法有助于管理者在不同目标之间找到平衡，并确定最佳决策方案。常见的方法包括多目标规划、权衡分析等。

（六）决策支持系统

决策支持系统（DSS）是一种利用计算机技术来辅助决策制定的工具。它集成了模型、数据分析工具和用户界面，为管理者提供决策支持和可视化。DSS 可以加速决策过程，并提高决策质量。

二、运筹学与管理决策

运筹学是一门关注如何有效地规划和管理资源的学科。它包括多种数学和优化技术，用于解决各种管理决策问题。以下是运筹学在管理决策中的应用：

（一）线性规划

线性规划是运筹学的一个重要分支。它用于解决线性目标函数和线性约束条件下的最优化问题，通常涉及资源的分配和利用。

线性规划是常用的解决多变量最优化的方法之一，是管理科学领域中的一个关键概念，它用于解决线性目标函数和线性约束条件下的最优化问题。线性规划在管理中有广泛的应用，涵盖了多个领域，包括生产计划、资源分配、物流管理等。以下是线性规划在管理中的应用：

①生产计划与调度。线性规划可用于优化生产计划和调度，以最大限度地提高资源利用率、降低生产成本，并满足客户需求。管理者可以使用线性规划模型来确定生产数量、生产时间表以及原材料的采购计划。

②资源分配与优化。在资源有限的情况下，线性规划有助于管理者有效地分

配资源，以满足组织的需求。这包括人、财、物的优化分配，以实现最佳的资源利用。

③供应链管理。供应链管理涉及多个环节，包括供应商、生产、仓储和分销。线性规划可用于优化供应链中的库存水平、运输成本、订单量等因素，以实现供应链的高效管理。

④营销策略和定价决策。在激烈的市场竞争下，管理者需要制定有效的营销策略和定价决策。线性规划可以用来分析不同的价格、市场份额和销售渠道组合，以确定最佳的营销策略。

⑤资本预算和投资规划。当决策哪些项目值得投资时，线性规划可以用来优化资本预算和投资规划。它有助于管理者选择最具价值的项目组合，以实现长期的财务目标。

（二）整数规划

整数规划是线性规划的扩展，其中决策变量被限制为整数值。这适用于需要做出离散决策的情况，如项目选择、工作排程等。管理者可以使用整数规划来确定最佳的整数解决方案。

（三）动态规划

动态规划是一种处理具有时间序列或阶段性问题的方法。它广泛用于库存管理、生产调度和项目管理等领域。管理者可以使用动态规划来优化决策序列，以实现长期目标。

（四）非线性规划

非线性规划适用于目标函数或约束条件不是线性的情况。这在某些复杂的管理问题中很常见，如市场营销模型、生产计划中的非线性成本等。管理者可以使用非线性规划来寻找最佳的非线性解决方案。

（五）排队论

排队论是研究排队系统的理论，用于分析等待时间、服务水平和资源利用率等问题。该理论在服务行业、制造业和运输领域有广泛应用，有助于优化资源分配和排队流程。

（六）模拟方法

模拟方法通过建立模型来模拟系统的行为，以了解不同决策对系统性能的影响。该方法在风险分析、供应链优化和项目管理中非常有用。管理者可以使用模拟方法来测试不同的决策策略，以确定最佳方案。

（七）网络分析

网络分析涉及网络结构和流动的优化问题。它在项目管理中确定关键路径和资源分配，也在运输和分销中解决最短路径问题。管理者可以使用网络分析来规划和优化复杂的流程与项目。

第三章　战略管理与现代企业竞争优势

第一节　战略规划与定位

一、愿景、使命和价值观的制定

组织在制订战略计划时，首先需要明确愿景、使命和价值观。这些元素为组织提供了战略方向和道义基础。

（一）愿景（Vision）

愿景是组织对未来的抽象描述，是对于理想状态的愿望和展望。愿景应该具有激励和引导作用，激发员工的热情和奋斗精神，同时为组织的长期发展提供明确的指导。

1. 制定愿景

制定愿景是一个需要深思熟虑且需要各级组织成员广泛参与的过程，旨在确保愿景能够准确代表整个组织的期望和共识。

第一，领导团队和组织成员的参与。制订愿景需要领导团队和组织内部各级别的成员的积极参与。这有助于确保愿景的广泛接受。

第二，战略规划会议。组织可以召开战略规划会议，邀请关键利益相关者参加。在会议上，可以讨论组织的当前状况、未来机会和挑战，以及愿景的核心元素。

第三，头脑风暴。利用头脑风暴会议，可以激发创新思维，收集各种不同的愿景想法。这种开放式的讨论有助于挖掘新的愿景元素。

第四，与关键利益相关者的交流。组织可以与关键利益相关者，如客户、供应商、员工和投资者等进行沟通。他们的反馈和期望会对愿景的制定产生重要影响。

2. 愿景的特征

一个优秀的愿景应该具备以下关键特征，以确保它能够发挥有效的激励和引导作用。

第一，具体性（Specific）。愿景应该具有明确的、具体的描述，而不是抽象的概念。它应该清晰地表达组织未来的状态和成就。

第二，清晰性（Clear）。愿景应该简洁明了，容易理解。组织的每个成员都能理解愿景的核心含义。

第三，挑战性（Challenging）。愿景应该具有一定的挑战性，激发员工的野心和动力。它应该代表一项值得追求的目标，而不是容易实现的任务。

第四，可测量性（Measurable）。愿景的成功应该能够通过可测量的指标来评估。这些指标有助于组织跟踪实现愿景的进展。

3. 愿景的作用

愿景不仅仅是一句口号或一个抽象的概念，它在组织中应发挥如下作用。

第一，员工激励。优秀的愿景可以激励员工为实现共同的目标而努力工作。它赋予员工目标感和使命感，激发他们的创新和奋斗精神。

第二，指导决策。愿景为组织的决策提供了方向。它有助于管理者在不同的选择和机会面前做出决策，以确保这些决策与愿景相一致。

第三，吸引投资者和合作伙伴。有吸引力的愿景可以吸引投资者、客户和合作伙伴与组织合作。他们更愿意与那些有远大愿景的组织建立关系。

第四，建立组织文化。愿景有助于塑造组织文化。它可以定义组织价值和行为准则，为员工提供共同的价值观。

第五，长期导向。愿景提供了一个长期的导向，帮助组织在瞬息万变的环境中保持坚定不移的方向。

（二）使命（Mission）

使命是组织的核心目的和存在理由。它对外部和内部利益相关者阐明了组织提供的价值、产品或服务，以及组织所服务的客户群体。

1. 明确组织的存在理由

在制定使命时，组织需要清晰地回答“我们为什么存在？”这个问题非常关键，因为它有助于确定组织的核心目标和价值主张。以下是关于明确组织存在理由的内容：

第一，定义组织的目标和方向。使命宣言应该为组织提供明确的目标和方向。它不仅仅是一句口号，而是一个明确定义的陈述，告知组织成员和外部利益相关者组织的核心目标是什么。

第二，建立共识和动力。明确的使命可以帮助组织建立内外共识。它为组织成员提供了共同的目标，激励他们为实现这个目标而努力工作。同时，它还可以吸引投资者、客户和合作伙伴，因为他们能够理解组织的使命和目标。

第三，提供决策指导。使命宣言可以为组织的决策提供指导。当面临不同的选择和机会时，组织可以根据使命来评估哪种选择符合其核心目标和价值观。

第四，明确社会责任。使命也应该反映组织的社会责任。组织应该考虑自己对社会的影响以及如何为社会做出贡献。这有助于建立组织的可持续性承诺。

2. 考虑利益相关者

在制定使命时，组织需要考虑各种利益相关者的需求和期望。利益相关者包括客户、员工、投资者、社会和环境等。

第一，满足客户需求。使命应该强调组织为客户提供价值和满足客户需求的承诺。这有助于建立客户忠诚度，并确保组织在市场竞争中获得优势。

第二，关注员工幸福。使命应该关注员工的幸福和福祉。员工是组织的重要资源，使命应该包括为员工提供良好的工作环境和发展机会的承诺。

第三，增强投资者信任。投资者通常关注组织的使命和价值观，因为这些因素反映了组织的长期可持续性。使命应该增强投资者对组织的信任。

第四，社会责任和可持续性。使命还应该体现组织对社会和环境的责任。组织应该承诺采取可持续的经营实践，减少对环境的不良影响。

3. 使命的传播

使命应该广泛传播给组织内部和外部的各方，以确保它对组织产生深远影响。

第一，内部传播。使命应该首先在组织内部传播。组织领导者应该积极向员工介绍使命，确保每个员工都了解和认同组织的核心目标与价值观。

第二，外部传播。使命也应该向外部传播，包括向客户、投资者、合作伙伴和社会传达。这可以通过宣传材料、网站、社交媒体、报告等多种渠道来实现。外部传播有助于外部利益相关者更好地理解组织的使命，进而建立合作关系或支持组织的发展。

第三，使命融入文化。使命应该融入组织的文化中，成为组织的核心价值观之一。组织的文化应该反映使命的原则和承诺，以便员工在日常工作中能够体现使命的意义。

第四，激励员工行动。使命应该激励员工采取积极的行动，以实现组织的核心目标。员工应该将使命与自己的工作联系起来，对组织使命做出贡献。

第五，建立合作伙伴关系。使命也可以吸引合作伙伴和支持者。外部组织和个人更愿意与那些有明确使命和社会责任的组织合作，因为他们能够理解组织的价值观和目标。

（三）价值观（Values）

价值观是组织的行为准则和道德原则，它们规定了员工如何行事，以及组织在业务运营中应遵守哪些原则。

1. 明确定义核心价值观

核心价值观是组织文化的基础，需要在制定阶段明确定义。这些价值观应该反映组织的使命和愿景，并在整个组织中得到广泛认可和接受。明确定义核心价值观有助于组织内外部建立共识，确保员工理解组织所强调的重要原则和行为规范。通常而言，核心价值观包括诸如诚实、尊重、创新、协作、客户导向等方面的关键原则。

2. 价值观的传播和培养

明确的核心价值观不仅需要宣告，还需要在组织中得到传播和培养。这可以通过以下活动来实现：

第一，培训和教育。组织可以开展培训和教育活动，向员工介绍核心价值观，并提供实际案例和场景，这有助于员工理解如何将这些价值观应用到他们的工作中。

第二，文化建设活动。组织可以组织文化建设活动，如团队建设工作坊、座谈会、文化节等，以增强员工对核心价值观的认同感和归属感。

第三，领导示范。领导者在实际行动中应该成为核心价值观的榜样。他们的行为和决策应该与所宣扬的价值观相一致，以建立员工的信任和信心。

3. 价值观的应用

核心价值观不仅是一句口号，它应该贯穿于组织的各个方面。在实际应用中，价值观主要体现在以下方面：

第一，招聘。核心价值观在招聘过程中发挥了关键作用。组织可以将这些价值观纳入招聘标准和面试问题中，以确保新员工与组织的文化相符。招聘人员可以询问候选人与核心价值观相关的问题，以评估其是否能够与组织的文化和理念相契合。这有助于建立一个价值观一致的团队。

第二，员工绩效评估。核心价值观也应该在员工绩效评估中得到体现。绩效评估不仅应关注员工的工作成果，还应考虑他们是否积极践行核心价值观。这可以通过以下方式来实现：一是价值观评估标准。组织可以为每个核心价值观制定具体的评估标准，以帮助评估员工的表现。例如，如果一个核心价值观是“诚实和透明”，那么可以制定与诚实和透明相关的具体绩效指标，如信息共享、诚实沟通等。二是 360 度反馈。采用 360 度反馈机制，让员工的同事、下属和上级提供关于他们在核心价值观方面的观察和反馈。这种多角度的反馈有助于全面评估员工的表现。三是培训和发展。员工可以接受与核心价值观相关的培训和发展机会，以提高他们在这些价值观方面的能力和意识。

第三，决策制定。核心价值观应该在组织的战略和决策制定中得到应用。在制订战略计划和政策时，应该考虑这些价值观，确保组织的行动与其宣扬的原则相一致。这可以通过以下方式实现：一是道德决策框架。组织可以制定道德决策框架，以确保所有决策都符合核心价值观。这个框架包括一系列的问题和考虑因素，帮助决策者在复杂情境中做出符合价值观的决策。二是价值观与目标的关联。每项战略目标和政策应该明确与核心价值观的关联性。这有助于员工理解为什么这些决策是重要的，如何与组织的愿景和使命相契合。

第四，客户关系管理。核心价值观还可以指导组织与客户互动的方式。客户服务、投诉处理和沟通应该反映组织的价值观，以建立客户的信任和满意度。以下是在客户关系管理中应用核心价值观的方式：一是客户导向。组织应该以客户为中心，关注客户的需求和期望，并确保提供高质量的产品和服务。核心价值观可以指导员工如何与客户互动，以创造积极的客户体验。二是诚实和透明。价值观中的诚实和透明原则可以在组织的沟通中得到体现。客户应该获得真实和准确的信息，组织应该如实回应客户的疑虑和问题。

4. 监测和调整

组织应该定期监测核心价值观的贯彻情况，并根据需要进行调整和改进。这可以通过员工反馈、绩效评估、文化调查和组织变革项目的评估来实现。如果发现核心价值观的贯彻存在偏差或问题，组织应该采取纠正措施，并确保价值观与组织的愿景和使命相一致。不断地监测和调整有助于确保组织文化的持续发展和适应性。

二、战略目标的设定

一旦愿景、使命和价值观确定，接下来的步骤就是设定战略目标。战略目标是组织长期发展的具体目标和里程碑，它们应该与愿景和使命相一致，并支持组织的使命。

在设定战略目标时，组织需要考虑以下因素：

（一）SMART 准则

SMART 准则是一个有助于设定有效目标的框架，它确保目标具有明确性、可衡量性、可达成性、相关性和有时限性。

1. 具体（Specific）

具体性要求目标要清晰、明确，以便能够清晰地理解目标的内容和意义。一个模糊不清或过于抽象的目标容易导致误解和不确定性，从而影响员工的行动和决策。具体的目标应该回答 5W1H（原因、对象、地点、时间、人员、方法）的问题。

例如，一个不具体的目标是："提高销售。"而一个具体的目标是："在下一季度内，通过增加市场推广活动，提高产品销售额，使销售额增长 10%。"

2. 可衡量（Measurable）

可衡量性要求目标可以以数量方式或以质量方式衡量，以便能够跟踪进展和评估绩效。目标应该与具体的数值、百分比或其他度量标准相关联，以便定期检查是否已实现。

例如，一个不可衡量的目标是："提高客户满意度。"而一个可衡量的目标是："在下一季度内，通过客户满意度调查，将客户满意度评分从目前的 7 分提高到 8 分。"

3. 可达成（Achievable）

可达成性要求目标在组织的资源和能力范围内可行。设定过于雄心勃勃、无法实现的目标会导致员工的挫折感和失望，反而不利于绩效提升。目标应该是具有挑战性且可实现。

例如，如果一个组织从未进入国际市场，那么立即占领全球市场就不是一个可达成的目标。相反，一个可达成的目标是："在下一年内，通过市场研究和国际化战略，确定首个国际市场进军的计划。"

4. 相关（Relevant）

相关性要求目标与组织的长期愿景、使命和价值观相关联。这有助于确保目标是有意义的，能够推动组织朝着愿景和使命的方向前进。目标应该与组织的战略方向相一致。

例如，如果组织的愿景是成为可持续发展的行业领导者，那么一个相关的目标就是："在未来五年内，通过采用可持续性实践，将碳排放减少 30%，以实现我们的可持续发展目标。"

5. 有时限（Time-bound）

有时限性要求目标设定明确的时间限制，以确保目标按计划完成。时间限制有助于推动行动和决策，防止目标的实施拖延。

例如，一个没有时间限制的目标是："提高员工培训水平。"一个有时间限制的目标是："在下一季度内，通过为员工提供新的在线培训课程，将员工的培训水平提高到符合行业标准。"

通过遵循 SMART 准则，组织可以更好地设定战略目标，使其更具可操作性和实质性，从而推动组织向成功和可持续发展迈进。这一框架有助于确保目标的明确性、可衡量性、可达成性、相关性和有时限性，以提高目标设定的质量和效果。

（二）对外部环境的适应性

战略目标应该反映对外部环境的适应性。组织需要不断监测市场需求、竞争格局和行业趋势，以确保目标与外部环境的变化相一致。目标的灵活性和调整能力对于适应不断变化的市场至关重要。

1. 市场需求的变化

市场需求是组织战略目标的重要驱动因素之一。市场需求的变化源于新技术的出现、消费者偏好的改变、竞争格局的演变等。组织应该定期进行市场研究，以了解客户需求和趋势。战略目标应该根据这些研究结果进行调整，以满足市场需求。

2. 竞争格局的演变

竞争格局的不断变化会影响组织的市场地位和竞争策略。新竞争者的进入、竞争者的退出或合并，以及竞争策略的变化都会对外部竞争环境产生影响。组织应该定期进行竞争分析，以了解竞争格局的变化。战略目标应该根据这些变化进行调整，以维护或提升组织在市场中的竞争优势。

3. 行业趋势和法规变化

行业趋势和法规的变化会对组织的经营环境和机会产生深远影响。新的法规、环保要求、技术标准或社会趋势等都要求组织进行战略调整。组织应该密切关注行业趋势和法规变化，以确保其战略目标与法律法规和社会期望相一致。

4. 快速变化的技术环境

技术的快速演进对组织的业务和市场产生深远影响。组织必须持续跟踪新技术的发展，以确定如何利用这些技术来实现其战略目标。战略目标应该考虑到技术变革的潜力和影响，以保持竞争力。

（三）内部资源和能力

在设定战略目标时，组织应该充分考虑其内部资源、能力和限制。目标应该与组织可用的资源相匹配，以确保它们的实现是可行的。如果目标超出了组织的能力范围，则需要投资于资源开发或提高员工技能，以实现目标。

1. 内部资源的考虑

在设定战略目标时，组织需要充分考虑其内部资源的情况。这包括人力资源、财务资源、物质资源和信息资源等。以下是一些关于内部资源的考虑因素：

第一，人力资源。人力资源是组织最宝贵的资产之一。组织需要评估员工的技能、经验和能力，以确定是否有足够的专业知识和技术能力来实现战略目标。如果目标需要特定的技能或专业知识，组织可以通过培训、招聘或外包来填补技能缺口。

第二，财务资源。财务资源包括组织的资本、预算和现金流。组织需要评估是否有足够的财力资源来支持战略目标的实现。如果目标需要大量的投资或资金，组织可以寻求融资或重新分配预算。此外，组织还需要评估目标的成本和潜在回报，以确保投资合理。

第三，物质资源。物质资源包括设备、设施和原材料等。如果战略目标涉及物质资源的使用，组织需要确保这些资源是充足的，以满足目标的需求。如果需要新的设备或设施，组织可以进行投资或更新。

第四，信息资源。信息资源包括数据、信息系统和技术基础设施。在数字化时代，信息资源对于战略目标的实现至关重要。组织需要评估信息系统的可用性、安全性和效率，以确保其能够支持目标的实现。如果需要新的信息技术或数据分析能力，组织可以进行升级或投资。

2. 能力和限制的考虑

除了内部资源外，组织还需要考虑其内部能力和限制。以下是一些关于内部能力和限制的考虑因素：

第一，内部能力。内部能力包括组织的管理、运营和执行能力。组织需要评估是否具备足够的管理和领导能力，以有效地实施战略目标。此外，组织还需要考虑其运营流程和流程的效率，以确保目标可以按计划实现。

第二，文化和价值观。组织的文化和价值观对于目标的实现有重要影响。如果目标与组织的文化和价值观不一致，则会导致员工不愿意支持或实施目标。组织需要确保战略目标与文化和价值观相一致，以提高员工的参与和承诺。

第三，限制和挑战。组织可能面临一些限制和挑战，如法律法规、市场竞争、供应链问题等。这些限制和挑战会对目标的实现产生影响。组织需要识别和解决这些限制，并考虑如何应对可能出现的挑战。

（四）长期愿景和使命的支持

战略目标应该有助于实现组织的长期愿景和使命。这意味着目标不仅仅是短期的，而且要与组织的战略方向相契合，推动组织朝更宏大的愿景迈进。目标的设定应该与愿景和使命的核心原则相一致，以确保整个组织都朝共同的愿景前进。

1. 确保目标与长期愿景相一致

为了支持组织的长期愿景，战略目标应该与愿景相一致。这意味着目标应该在一定程度上反映组织所期望的未来状态。以下是一些考虑因素：

首先，组织需要审查其愿景陈述中的具体元素。愿景通常包括对未来状态的描述，如成为行业领导者、创新领域的标杆等。战略目标应该与这些具体元素相一致，以确保目标在实现愿景方面发挥作用。

其次，愿景通常是一个长期的愿景，而不是短期目标。因此，战略目标应该具有长期性和持续性，以确保它们有助于实现愿景。这可能涉及设置多年的目标，而不仅仅是短期的绩效指标。

最后，组织的长期愿景通常基于一组核心原则和价值观。战略目标应该契合这些核心原则，以确保目标的实现是符合组织的道德和伦理原则的。

2. 使命的支持

使命是组织的核心目的和存在理由。战略目标应该有助于实现使命，确保组织朝其核心目标前进。以下是一些支持使命的方法：

首先，使命的具体化。使命通常比愿景更具体。它描述了组织提供的价值、产品或服务，以及为哪些客户提供价值产品和服务。战略目标应该与使命的具体元素相一致，以确保目标有助于实现使命。

其次，客户和利益相关者导向。使命通常涉及为客户或特定利益相关者提供价值。战略目标应该考虑到这些客户和利益相关者的需求和期望，以确保目标的实现是客户导向的。

最后，社会责任和可持续性。使命通常包括组织的社会责任和可持续性承诺。战略目标应该反映组织的社会责任和可持续性，以确保目标的实现不只是经济上的成功，还包括社会和环境的考虑。

第二节　竞争分析与战略选择

一、竞争对手分析

（一）竞争对手识别

竞争对手识别是竞争对手分析的起点。企业需要明确识别并列出其主要竞争对手，包括直接竞争对手、潜在竞争对手以及通过提供替代产品或服务来争夺客户的企业。这个阶段要求企业收集市场信息，查找潜在的竞争者，并构建一个竞争对手清单。

1. 直接竞争对手

直接竞争对手在市场竞争中扮演着关键角色，因为它们提供类似的产品或服务，争夺同一组目标客户。识别直接竞争对手对企业的市场战略和决策至关重要。

首先，直接竞争对手的识别是市场分析的关键一步。这些竞争对手会对企业的市场份额和盈利能力构成直接威胁，因此需要详细了解它们的性质和规模。

其次，企业可以通过市场调研和数据分析来确定直接竞争对手。这包括收集关于竞争对手的信息，如产品或服务特点、定价策略、市场份额等。此外，企业还可以观察市场中的竞争格局，识别那些在同一市场细分中活跃的企业。

再次，了解直接竞争对手的核心竞争优势和策略也是至关重要的。这有助于企业理解竞争对手在市场上的表现，以及它们可能采取哪些战略来吸引客户。例如，竞争对手通过不同的定价策略、广告活动或产品特点来吸引客户。

最后，识别直接竞争对手后，企业需要制定应对策略。这包括调整产品或服务定位、改进营销策略、寻找新的市场细分或提高产品质量，以在市场竞争中脱颖而出。

2. 潜在竞争对手

潜在竞争对手在市场竞争中具有一定的不确定性，但它们会对企业的市场份额和盈利能力构成潜在威胁。因此，了解和识别潜在竞争对手是一项重要的市场分析任务。潜在竞争对手通常是那些具备潜力和资源进入市场的企业。这些企业已经在相关领域积累了一定的经验和资本，或者它们已经具备独特的技术或创新，使其具备竞争资格。

企业可以通过市场研究和检测相关行业的新兴企业来识别潜在竞争对手。这包括定期追踪行业新闻、研究竞争对手的资金情况和市场动态，以及评估它们的市场战略和意图。

了解潜在竞争对手的特点和优势是至关重要的。这有助于企业更好地预测可能的市场进入时间和方式。企业可以考虑潜在竞争对手的资源、技术、市场定位和战略，以评估它们对市场的潜在影响。一旦潜在竞争对手被识别出来，企业需要制定应对策略。这包括加强自身的竞争优势，提高产品或服务的质量，拓展市场份额，或者寻找合作伙伴来抵御潜在竞争对手的威胁。

3. 替代品提供者

替代品提供者在市场竞争中扮演重要的角色，因为它们可能满足客户需求并成为潜在的竞争对手。替代品提供者不一定提供与企业完全相同的产品或服务，但它们的存在会影响客户的购买决策。

替代品提供者通常是那些提供与企业产品或服务有一定替代性的企业。替代品可以在功能、价格、品质或其他方面具有竞争性，使客户在购买时有所选择。

企业需要识别可能的替代品提供者。这可以通过市场研究和竞争分析来实现。企业需要了解哪些产品或服务可以替代自己的产品或服务，并确定潜在的替代品提供者。

了解替代品提供者的市场地位和竞争策略是非常重要的。这包括评估替代品的市场份额、价格策略、产品特点以及市场定位。企业还需要了解替代品提供者的市场表现和客户满意度。

企业需要制定应对策略来减小替代品的竞争威胁。这包括不断提高产品或服务的质量和性能，提供附加值，降低价格，或者改进营销策略，以保持客户的忠诚度。

（二）竞争对手的市场份额

竞争对手的市场份额是市场竞争分析中的一个关键因素，它对于企业制定战略决策和评估市场格局至关重要。市场份额是指竞争对手在特定细分市场中所占据的销售额或市值比例。

1. 市场份额的意义

市场份额反映了竞争对手在市场中的相对地位和影响力。了解竞争对手的市场份额有助于企业评估自身在市场中的地位，以及与其他竞争者相比的竞争力。

2. 市场份额的计算

市场份额通常用百分比表示，是竞争对手的销售额或市值占整个市场的比例。计算市场份额的公式如下：

市场份额 = 竞争对手的销售额或市值 ÷ 整个市场的销售额或市值 ×100%

企业可以使用市场调查、销售数据、行业报告等数据来估算竞争对手的市场份额。

3. 市场份额的重要性

了解竞争对手的市场份额有助于企业制定战略决策。如果企业的市场份额较小，则需要采取措施来增加份额，例如扩大市场份额、提供新产品或服务、改善营销策略等。如果企业已经是市场领导者，则需要保持市场份额并抵御竞争对手的挑战，可以考虑巩固现有市场份额、创新产品或服务、拓展市场渠道等策略。

二、SWOT分析

SWOT 分析是一种系统性的方法，用于评估企业的内部优势、内部劣势、外部机会和外部威胁。以下是 SWOT 分析的关键要点：

（一）内部优势（Strengths）

内部优势是企业在其经营过程中所拥有的积极特征和资源。这些优势有助于企业在市场中取得竞争优势。以下是一些可能的内部优势：

1. 强大的品牌声誉

强大的品牌声誉是企业的核心竞争优势之一。当企业建立了被人们广泛认可和信任的品牌时，消费者更愿意购买其产品或服务。品牌声誉可以通过多年来提供高质量产品或服务、良好的客户体验和社会责任活动来建立。这种声誉不仅能够吸引新客户，还能够维持现有客户的忠诚度，促使他们重复购买。

2. 高效的生产和供应链管理

高效的生产和供应链管理是确保产品或服务提供稳定性和高质量的关键因素。企业通过有效管理生产过程、优化库存、降低运营成本和确保及时交付来实现这一优势。这不仅能满足客户需求，还能提高利润率，增强竞争力。

3. 创新能力

创新能力使企业能够不断适应变化的市场需求并推出新产品或服务。这种内部优势可以通过持续投资于研发、与客户互动以了解其需求、与外部合作伙伴合作以获取新技术和思想来实现。创新能力有助于企业保持市场领先地位，吸引创新型客户，并拓展市场份额。

4. 卓越的人才和团队

企业的员工和领导团队是其成功的关键因素之一。高素质的员工和领导团队拥有丰富的行业知识、专业技能和团队合作能力，使企业能够应对市场挑战、制订战略和实施计划。这种内部优势可以通过招聘和吸引优秀人才、为员工提供培训和发展机会以及激励来维持和加强。

（二）内部劣势（Weaknesses）

内部劣势是企业在运营中存在的不利因素和限制。这些劣势会妨碍企业的竞争力和增长。以下是一些可能的内部劣势：

1. 陈旧的技术基础

企业若依赖陈旧的技术基础，可能会失去在市场中保持竞争力的机会。这会导致产品或服务过时，无法满足客户的现代需求。解决这一问题的途径包括加大研发投资和技术升级，以确保企业能够应对技术发展和市场变化。

2. 高成本结构

高昂的生产和运营成本会使企业难以与实施成本领先战略的对手进行竞争。高成本结构源于过多的中间环节、低效的流程或高薪酬员工。降低成本、提高生产效率和重新评估供应链有助于弥补这一劣势。

3. 落后的管理体系

过于官僚化或缺乏灵活性的管理体系会导致决策和执行效率低下。企业需要评估其管理流程，采用更灵活的方法，以便更快地适应市场变化和客户需求。培养领导团队的创新和变革意识也是解决这一问题的有效方法。

4. 有限的市场知识

缺乏深入了解市场趋势、客户需求和竞争格局的能力会导致市场定位不准确。企业需要加强市场调研和分析，以更好地了解客户的期望，并根据市场反馈来改进产品或服务。建立强大的市场情报系统和与客户加强联系有助于弥补这一劣势。

（三）外部机会（Opportunities）

外部机会是企业可以利用的市场趋势、变化和发展。利用这些机会有助于企业实现增长和发展。以下是一些可能的外部机会：

1. 市场扩张

市场可能出现扩张的机会，例如进入新兴市场或开发新的客户群体。这可以通过产品或服务的地理扩张或定位不同的目标市场来实现。企业可以通过市场研究来识别这些机会，以满足新市场的需求。

2. 新兴技术

新技术的出现会带来创新产品或服务的机会，提高企业的竞争力。企业可以通过不断跟踪技术趋势和研发新产品来利用这些机会。例如，互联网的普及为在线业务和数字化解决方案提供了巨大机会。

3. 法规和政策变化

法规和政策的变化会为企业提供有利的经营环境或潜在市场。例如，政府提供税收激励措施，以鼓励可再生能源行业的发展。企业需要密切关注政策变化，并灵活调整战略以利用这些机会。

4. 合作伙伴关系

与其他企业建立战略合作伙伴关系可以开拓新的市场渠道或提供增值服务。这些合作伙伴有助于企业扩展其产品或服务的覆盖范围，增强市场竞争力。例如，制造商与零售商之间的合作可以提供更广泛的销售渠道。

（四）外部威胁（Threats）

外部威胁是对企业造成负面影响的外部因素和风险。了解这些威胁有助于企业制定风险管理策略。以下是一些可能的外部威胁：

1. 竞争加剧

市场上竞争加剧会导致价格竞争激烈，从而影响企业的利润率。新的竞争对手进入市场，或者现有竞争对手采取市场渗透策略，都可能给企业带来竞争压力。为应对这一威胁，企业需要不断提高竞争力，重新评估定价策略、产品差异化以及市场定位。

2. 市场饱和

市场已经饱和，即已经满足了大部分潜在客户的需求。这会导致企业难以找到增长机会，尤其是在饱和度高的成熟市场。当面对市场饱和时，企业可以拓展新的地理区域或寻找细分市场来实现增长。

3. 供应链问题

供应链中断或出现问题会对企业的生产和交付能力产生重大影响。这些问题包括原材料短缺、运输问题、自然灾害等。为减小这一威胁，企业可以制订供应链多样化策略，确保备用供应商和生产基地的可用性。

4. 经济衰退

经济不景气会导致市场需求下降，消费者购买力减弱，进而影响企业的销售额和盈利能力。当面对经济衰退时，企业可以采取成本控制措施、推出更具价格竞争力的产品或服务，以及积极寻找新的市场机会。

第三节　战略实施与绩效评估

一、战略执行计划

战略执行计划是将战略目标转化为具体行动步骤和计划的过程。这一过程包括确定资源分配、责任分工、时间表和关键绩效指标等，以确保战略能够顺利实施。

（一）资源分配

在现代商业环境中，资源是有限的，因此，有效的资源分配可以确保企业能够最大限度地实现其战略目标。

第一，资源分配确保战略有足够的资金支持和投入。每项战略都需要一定的资源来推动实施。这些资源包括财务资源，用于资金投入、市场推广、产品研发等；人力资源，用于项目管理、员工培训、人员招聘等；技术和物质资源，用于基础设施建设、技术平台和设备搭建等。资源分配的目标是确保这些资源能够按照战略的要求被分配到合适的地方，使战略得以顺利实施。

第二，资源分配需要综合考虑多个因素。首先，战略目标是资源分配的关键起点。企业需要明确定义战略目标，以便知道需要什么资源来实现这些目标。其次，预算约束也是一个重要因素。企业通常预算有限，因此需要确保资源被分配在预算范围内。最后，资源的可获得性也需要考虑。有些资源可能很容易获得，而有些资源则需要更多时间和努力来获取。

第三，资源分配还需要考虑战略的优先级和时序。不同的战略目标有不同的优先级，因此需要根据这些优先级来分配资源。此外，资源分配还需要考虑时间因素。一些资源需要提前分配，以便为战略的长期实施做好准备，而其他资源需要根据实际需要在战略执行过程中动态分配。

第四，资源分配还需要与绩效评估和风险管理相结合。企业应该定期评估战略执行的绩效，以确保资源分配是有效的，并根据实际情况进行必要的调整。同时，资源分配也应该考虑风险因素。战略执行过程中可能会面临各种风险，因此需要确保有足够的资源来应对这些风险，使战略得以顺利实施。

第五，资源分配是战略执行计划的基础，但它也需要不断演化和调整。在快速变化的商业环境中，企业需要灵活的管理资源，以适应新的挑战和机会。因此，资源分配是一个动态的过程，需要不断地进行监控和优化。

（二）责任分工

责任分工是组织中关键的管理实践之一，它有助于确保工作流程的高效运行，防止混淆和冲突，以便提高工作质量。在企业中，每个人都需要明确知道自己的职责和任务，这可以通过制定明确的岗位描述来实现，岗位描述包括工作职责、任务、目标和预期成果，以及他们在工作中所拥有的权利和责任，以便员工知道在哪些情况下可以自主行动，哪些情况下需要征得上级的同意。责任分工不仅是一种管理工具，还是战略执行的基础，因为它确保了每个人都为战略目标的实现贡献了自己的力量。

责任分工有助于提高组织的协同效能。当每个人都清楚地了解自己的职责和任务时，他们可以更好地协同工作，避免工作交叉和重叠，提高工作效率。责任分工还有助于明确团队之间的界限和合作方式，从而促进跨部门的协同。

责任分工也是一种绩效管理的工具。通过明确的岗位描述和任务清单，组织更容易评估员工的绩效，因为他们的工作标准和目标是明确的。这有助于识别绩效低下的员工，提供反馈和培训，使他们有所改进。另外，绩效优秀的员工可以被奖励和鼓励，以维持高水平的工作。

责任分工需要不断演化和调整。在不断变化的商业环境中，组织可能需要重新评估和调整员工的职责和任务，以适应新的挑战和机会。因此，责任分工是一个动态的过程，需要与组织的战略目标和需求相一致。

（三）时间表

时间表的制定是战略管理过程中至关重要的一步，它有助于确保战略计划按计划有序实施。在竞争激烈、变化迅速的商业环境中，时间管理对于组织的成功至关重要。时间表提供了一个清晰的时间框架，使组织能够规划战略、跟踪和监督战略执行的进度。

时间表应包括明确的时间框架、关键里程碑和截止日期。这意味着为战略执行中的每个任务或活动分配特定的时间段。时间框架可以是天、周、月或季度，具体取决于任务的性质和复杂性。通过将任务与时间框架相结合，可以为组织提供一个清晰的时间线，有助于避免任务的延误。关键里程碑是战略执行过程中的重要节点，通常代表着重大的进展或完成阶段。这些里程碑可以用来标志战略计划的不同阶段，有助于组织跟踪战略执行的进度。关键里程碑需要根据战略计划的具体要求和目标来制定，通常与重要的任务或成果相关联。截止日期是任务完成的最后期限，它有助于员工明确任务完成的紧急性和重要性。在时间表中明确截止日期有助于组织避免任务的拖延和延误，确保任务按时完成。同时，截止日期也可以用来评估任务的绩效，确定是否需要采取措施来保持进度。

时间表的制定还需要综合考虑任务的优先级、依赖关系和资源可用性。不同的任务有不同的优先级，因此需要根据其重要性来安排时间。同时，某些任务依赖于其他任务的完成，因此需要确保任务之间的协调和顺序。此外，资源可用性也是一个关键因素，需要确保任务分配到具有足够资源的时间段。

时间表的制定不仅仅是一个静态的过程，还需要不断更新和调整。在战略执行过程中，可能会发生变化或出现不可预测的情况，因此时间表要具有灵活性，以适应新的挑战和机会。定期的时间表审查和更新有助于确保战略计划能够适应变化的需求和条件。

二、绩效指标与评估方法

绩效指标和评估方法用衡量战略执行的效果和绩效。它们为企业提供了了解战略实施情况的关键数据，并帮助作出必要的调整。

（一）关键绩效指标（KPIs）

关键绩效指标（Key Performance Indicators，KPIs）是衡量战略执行进展的核心度量标准。它与战略目标直接相关，用于量化和评估战略的实际执行情况。

1. 市场份额

市场份额表示企业在特定市场中的销售额占比。增加市场份额通常意味着企业在竞争中占据了优势地位，可以通过更多的销售机会来提高收入。市场份额的增加需要采取更积极的市场渗透策略。

2. 销售增长率

销售增长率是一个关键指标，用于衡量企业销售额在特定时间段内的增长百分比。高销售增长率通常表明市场接受度高，企业战略在吸引客户和促进销售方面取得了成功。此 KPI 对于监测市场需求和产品市场份额产生巨大影响。

3. 客户满意度

客户满意度是企业成功的关键因素之一。该指标衡量客户对产品或服务的满意程度。高水平的客户满意度通常与忠诚度和口碑传播相关联，有助于吸引更多客户和保持他们的忠诚度。

4. 生产效率

生产效率指标包括生产线的产量、生产成本的降低或废品率的减少。提高生产效率有助于降低成本，提高竞争力，同时确保产品的质量和交付时间。

5. 员工满意度

员工满意度是组织绩效的重要指标之一。高员工满意度通常与更高的生产力和员工留任率相关。满意的员工更有可能积极参与工作，提高工作质量，为客户提供更好的服务。

6. 资金流量

资金流量指标用于衡量企业现金流入和流出的情况。维持健康的资金流量对于确保企业有足够的资金支持战略执行至关重要。这包括现金储备的管理、账款回收和债务支付等方面的度量。

（二）数据收集和分析

数据收集和分析是评估绩效的关键步骤。以下是与数据处理和分析的具体实施方法：

1. 数据收集计划

在进行数据收集和分析之前，企业应该制订明确的数据收集计划。该计划需要明确确定要收集的数据类型、来源、时间周期以及负责收集和维护数据的部门或个人。确保数据的一致性和准确性对于后续的分析至关重要。

2. 实时数据监控

现代企业可以利用实时数据监控工具来追踪绩效指标，这使得企业能够在问题出现时迅速做出反应。实时监控有助于企业实时了解业务运营的状况，从而减小潜在的风险和损失。

3. 选择数据分析工具

数据分析工具是数据处理和分析的关键。企业应选择适合自身的工具，如数据仓库、数据可视化软件和高级分析算法等。这些工具有助于企业更深入地理解数据，发现隐藏在数据中的模式，并提供有关业务绩效的见解。

4. 比较和基准线

数据分析通常涉及将实际数据与历史数据进行比较，以识别差距和趋势。这种比较有助于企业确定是否在实现战略目标方面取得进展。此外，将绩效与行业标准或竞争对手进行比较也可以提供深刻的洞察力，帮助企业了解自己在市场上的相对位置。

（三）绩效评估方法

选择适当的绩效评估方法对于有效评估战略执行非常重要。以下是一些常见的绩效评估方法：

1. 定性评估

定性评估是一种依赖主观判断和描述性分析的方法。它通常用于评估那些难以量化的指标，如企业的品牌声誉、员工文化、创新能力等。定性评估涉及收集和分析定性数据，如访谈、调查或观察，以获取对绩效的质性理解。该方法的优点在于它可以提供深刻的洞察力，但也受到主观性和可操作性的限制。

2. 定量评估

定量评估是一种使用数字和统计数据来量化绩效的方法。企业可以使用各种定量指标来衡量绩效，包括销售额、利润率、市场份额、客户满意度分数等。这些指标提供了客观的、可量化的绩效数据，便于企业进行比较和分析。定量评估通常采用数据收集、数据清洗、数据分析和数据报告等步骤，以便有效地评估绩效。

3. 比较分析

比较分析是将企业的绩效与竞争对手或行业标准进行比较的方法。通过比较分析，企业可以确定自己在市场上的相对位置和竞争优势。该方法可以用于各种指标，如财务绩效、市场份额、生产效率等。比较分析有助于企业识别自身的优势和劣势，了解市场趋势，以及制定更具竞争力的战略。

三、战略调整与反馈机制

战略调整与反馈机制是确保战略执行成功的关键环节。这些机制使企业能够灵活应对变化，同时从经验中吸取教训。

（一）战略调整

1. 建立流程和框架

首先，建立明确的战略调整流程和框架是企业战略执行的关键步骤。该流程和框架不仅有助于确保战略调整是一个有序的过程，还可以提供指导，以应对不断变化的市场环境和竞争压力。以下是建立流程和框架的关键要点：

其次，确定何时进行战略调整是至关重要的。通常情况下，战略调整应在以下情况下考虑：一是关键绩效指标未达到预期目标，表明战略目标需要修订或重新评估。二是外部市场环境发生了重大变化，如新竞争对手的出现、法规变化或市场需求的变化。三是内部因素，如资源限制或技术问题，影响了战略的执行能力。

再次，评估战略调整的需求需要明确的标准和方法。这包括定期的战略审查，以对战略执行的进展进行全面评估。在战略审查中，关键绩效指标和战略目标的实现情况应该得到详细分析。如果发现差距或问题，则需要进一步探讨战略调整的可能性。

最后，明确谁负责执行战略调整是至关重要的。通常情况下，高级管理层或专门的战略规划团队负有这一责任。他们应该领导战略调整的过程，并确保相关部门、团队的配合协调。此外，明确的责任分工有助于确保战略调整的及时执行，以便更好地适应变化的市场条件。建立战略调整流程和框架需要全面的战略规划和协调。这个过程应该是透明的，并且能够适应企业的具体需求和市场情况。

2. 根据绩效评估调整战略

为了有效地进行绩效评估，企业需要明确其战略目标和关键绩效指标。战略目标是企业长期发展的愿景，而绩效指标则是用来衡量这些目标能否实现的具体量化指标。绩效指标包括财务绩效、市场份额、客户满意度、员工参与度等各个方面的数据。一旦有了明确定义的绩效指标，企业就可以进行定期的评估，以确定其绩效是否达到了预期水平。这通常包括收集和分析数据，进行趋势分析，与竞争对手做比较等。如果绩效不符合预期，那么就需要分析问题的根本原因。

基于绩效评估的结果，企业可以考虑是否需要调整其战略。这包括修订战略目标，重新分配资源，修改市场定位或产品策略等。关键是确保这些调整是有根据的，而不是基于主观判断或盲目跟随市场趋势。数据和分析应该是决策的基础，以确保战略调整是合理的，并且有望改善绩效。

（二）经验反馈

1. 经验记录

企业积极记录经验和教训是战略管理的关键组成部分。这种做法不仅能确保过去的经验不会被遗忘，还能提高组织的学习能力和适应能力。经验对企业至关重要的原因如下。

①记录经验能够帮助企业建立历史数据库，这对于战略管理和决策制定非常重要。通过记录成功案例和失败案例，企业可以追踪和分析过去的决策和行动，以便更好地理解哪些策略是有效的，哪些策略是无效的。这有利于企业避免犯相同的错误，提高战略决策的准确性和有效性。

②记录经验包括详细的情境描述，涵盖了战略执行过程中的外部和内部因素，如市场环境、竞争态势、组织文化等。详细的情境描述将决策和行动置于适当的背景下，使其更易于理解和分析。

③决策过程也应该被记录下来。这包括战略制定、资源分配、风险评估和决策制定等信息。了解决策过程有助于企业评估决策的合理性和逻辑性，并为将来的决策提供有价值的参考。

④记录执行步骤是非常重要的。这包括描述战略如何被付诸实施，涵盖计划、组织、领导和控制等方面。这有助于企业了解战略是否按照计划执行，是否有必要的资源和支持，以及在执行过程中是否遇到挑战和障碍。

⑤记录经验也需要包括最终的结果。这涵盖了战略执行的结果，如成就的目标、取得的收益、遇到的问题和失败的方面。对结果的记录有助于企业评估战略的成功度，并确定哪些方面需要改进。

2. 知识库和分享平台

建立知识库和经验分享平台是企业知识管理的一项重要举措。在信息时代，企业面临着大量信息和知识的涌入，因此需要一种系统性的方法来组织、存储和分享这些知识。知识库和经验分享平台为企业提供了一个中心化位置，用于存储和管理各种类型的知识资产，从而使这些资产对整个组织更加可访问。

知识库和经验分享平台不仅可以用于存储知识，还可以促进知识的传承和分享。员工将他们在实际工作中积累的经验、教训和最佳实践记录在平台上，以便其他团队成员从中受益。这有助于避免重复犯错，加速学习曲线，提高整个组织的执行能力。

知识库和经验分享平台包括各种类型的知识资产，如文档、报告、案例研究、培训材料、工具和模板等。这些资产可以涵盖各个领域，从业务运营到市场营销，从产品开发到客户服务。通过提供多样化的知识资产，平台可以满足不同团队和部门的需求，使他们能够更好地应对各种挑战。

知识库和经验分享平台还可以支持社交化知识共享。员工在平台上评论、点赞和分享其他人的知识资产，从而促进互动和合作。这种社交元素鼓励员工积极参与知识分享，并建立一个共享知识的文化。

知识库和经验分享平台需要定期维护和更新。知识资产会过时或失效，因此需要定期审查和更新。此外，平台也需要不断改进，以适应组织的不断变化和发展。这包括改进搜索功能、增强安全性、提高用户友好性等。

3. 持续学习文化

持续学习文化是一种致力于促进员工学习和发展的组织文化。它承认了知识和技能的快速演变以及竞争激烈的商业环境，因此应将学习视为一项持续的过程，而不仅仅是一次性的培训。在这种文化中，学习被视为一种价值，员工被鼓励不断提高他们的知识和技能，以适应不断变化的需求。

持续学习文化不仅鼓励员工积累经验，还鼓励员工积极分享这些经验。这种文化认识到，员工在工作中积累的知识和经验是宝贵的资产，可以为整个组织带来价值。因此，员工被鼓励将他们的经验教训、最佳实践和见解分享给同事，以促进知识的传递和共享。这种分享文化有助于避免重复犯错，加速学习曲线，提高工作效率。

持续学习文化包括提供培训和发展机会。企业可以通过提供定期的培训计划、工作坊、研讨会和在线学习资源，鼓励员工不断提升自己的技能和知识。这些机会可以包括各种主题，如技术、领导力、沟通技巧等，以满足员工不同的学习需求。持续学习文化还包括知识分享会议和团队讨论。定期的会议和讨论可以为员工提供一个交流和讨论的平台，他们可以在这里分享经验、观点和见解。这种交流有助于激发创新思维，促进团队合作，加强组织的智力资本。

持续学习文化需要领导层的积极支持和示范。领导者应该成为学习的榜样，鼓励员工追求学习和发展的机会。他们可以通过提供资源、奖励学习成果和积极参与知识分享来树立榜样。领导者的支持和参与对于建立和维护持续学习文化至关重要。

（三）战略会议和评审

1.定期召开战略会议

定期召开战略会议是现代企业战略管理中一个不可或缺的环节。这些会议旨在确保战略目标的顺利执行，促进不同部门和利益相关者之间的协作和协调。在战略会议的框架下，企业能够深入了解战略实施的情况，并采取适当的措施来解决可能出现的问题和面临的挑战。

战略会议的一个重要目标是评估战略目标的执行进展。这包括审查已经达成的里程碑，以及关键绩效指标的表现。通过对执行进展的全面评估，企业能够确定是否朝着战略目标前进，或者是否需要做出调整。这种评估有助于确保战略计划在实践中得以贯彻，同时为决策制定者提供了及时的信息，以便根据情况做出调整。

战略会议提供了一个重要平台，用于讨论和解决执行中可能出现的问题和面临的挑战。这些问题涉及资源分配、市场变化、竞争局势等方面。在战略会议上，各个部门和团队有机会分享他们的观点和经验，共同探讨解决方案，并确定下一步的行动计划。这种协作有助于加强团队之间的合作，以克服执行过程中的障碍。

战略会议在决策制定和沟通方面起到重要作用。在这些会议上，关键决策制定者可以讨论和确认战略方向，以确保所有利益相关者都明白他们在实施战略中的角色和责任。此外，战略会议也提供了一个机会，用于向组织内部传达战略的重要信息，确保各级别的员工都了解组织的长期愿景和目标。

2.战略评审会议

战略评审会议在现代企业管理中起着至关重要的作用。这些会议的主要目标是确保战略目标的实现与组织的长期愿景和目标相一致。高级管理团队或战略执行委员会通常负责主持这些会议，以确保高层管理者对战略执行的进展有清晰的了解，并能够做出必要的调整和决策。

战略评审会议的一个关键方面是审查战略目标的进展情况。这包括评估已经达成的里程碑和关键绩效指标的表现。通过对这些数据的分析和讨论，高层管理者能够了解战略计划是否按照预期执行，并且能够识别是否存在任何不足或问题。

这种全面的评估有助于确保战略目标在战略执行过程中得以顺利实现，同时也为必要的调整提供了依据。

战略评审会议提供了一个讨论和解决与外部环境变化相关的调整需求的机会。在不断变化的商业环境中，企业必须灵活地调整战略，以适应新的市场趋势和竞争压力。这些调整包括战略目标的修改、资源的重新分配或市场定位的调整。战略评审会议为高层管理者提供了一个平台，让他们可以共同讨论和决定如何应对外部环境的变化，以确保战略的持续有效性。

战略评审会议还涉及资源分配和预算的审查。确保战略计划得到足够的支持是成功执行战略的关键。高层管理者需要审查资源的分配情况，包括资金、人力资源和技术支持，以确保这些资源与战略目标相一致。此外，审查预算也有助于确保战略计划的实施是财政可行的，并且不会超出可用的预算范围。

3.战略反馈循环

建立战略反馈循环是现代企业管理中的一个关键步骤。这个循环的主要目标是确保信息能够在不同层次和部门之间自由流动，以便促进战略调整和协调。在竞争激烈和不断变化的商业环境中，及时获取并传递关键信息至关重要，以确保企业能够迅速做出决策并适应市场变化。

为了建立有效的战略反馈循环，企业应该制定明确的沟通渠道和流程。这意味着不同层次的员工和各部门都应该知道如何分享信息和见解。这可以通过建立跨部门的沟通团队或利用协作工具来实现。这些渠道和流程应该被明确定义，以确保信息能够及时传递，而不会被滞留或丢失。建立反馈机制是战略反馈循环的一个重要组成部分。应该鼓励员工提供他们在执行过程中的观察和建议。这可以通过定期的反馈会议、在线反馈工具或匿名反馈渠道来实现。关键是要创造一个开放和安全的环境，让员工感到他们的声音被听到和重视。

确保战略会议和评审会议的结果与决策能够传达到各级别和各部门，并采取适当的行动。这可以通过制订明确的行动计划和责任分工来实现。高层管理者应该与各级别的管理团队合作，确保决策能够在组织内部得到有效执行。此外，信息应该双向流动，以便战略会议和评审会议的反馈也能够影响日常的执行活动。

第四章　现代企业组织与领导

第一节　组织结构与设计

一、组织结构类型

组织结构是现代企业成功运营的核心之一，它涉及如何将各部门组织在一起以实现组织的战略目标。现代企业可以采用不同类型的组织结构，根据其特定需求和行业背景来选择最合适的结构类型。以下是一些常见的组织结构类型：

（一）功能型组织结构

功能型组织结构是一种常见的组织设计方法，它通常在各种行业和企业中得到广泛应用。

1. 优势

功能型组织结构是一种常见的组织形式，通常用于大型企业，以便更好地管理和协调各种职能部门。这种结构将组织划分为若干职能部门，每个部门专注于特定的业务领域，如销售、市场营销、生产和财务。每个部门都由一组专业人员管理，这些人员具有特定的技能和知识，以确保其职能的高效运作。其优势如下：

（1）功能型组织结构的优势之一是实现了高度的专业化。由于每个部门都专注于特定的职能，员工有机会在其领域内发展专业知识和技能。这有助于提高工作质量和生产力，因为员工可以更好地理解并应对其所负责的任务和挑战。此外，专业化还可以吸引更多具备特定领域知识的人才，从而提升组织的竞争力。

（2）功能型组织结构通常具有较高的效率。因为每个部门都专注于特定职能，它们可以优化流程、制定最佳实践，并快速做出决策。这有助于加速工作流程，减少资源浪费，提高生产率。此外，各部门之间分工明确，员工清楚自己的职责，将有助于减少混淆和冲突。

2. 不足

（1）各部门之间的沟通容易出现问题。因为每个部门都专注于自己的职能，它们可能忽视了与其他部门的合作和信息共享，从而导致信息孤岛和协作问题，影响了组织整体的绩效。

（2）决策通常在各部门内部做出，缺乏全局视角。每个部门可能会优化自己的目标和指标，但这不一定符合整体组织的战略目标，从而导致资源分配不均匀，以及组织在整体上无法有效地应对市场变化或竞争压力。

（3）功能型组织结构通常需要大量的中层管理者来协调各部门的工作，从而导致组织变得庞大和官僚化，决策层级繁多，增加了沟通和决策的复杂性。此外，随着市场的变化和技术的进步，功能型组织结构需要不断调整和优化，以确保其适应新的挑战和机遇。

（二）产品或业务单元结构

产品或业务单元结构是一种常见的组织形式，通常用于大型企业，以便更好地管理和发展不同的产品线或业务领域。这种结构将组织划分为若干独立的产品线或业务单元，每个单元都拥有自己的团队，包括销售、研发、市场营销、生产等职能。

1. 优势

（1）产品或业务单元结构有助于专注和灵活性。每个产品线或业务单元都被视为一个独立的实体，它们拥有自己的目标、策略和决策权限。这使其可以更好地专注于满足其特定市场需求和客户要求。团队成员可以深入了解其产品或业务领域，迅速做出决策，以满足快速变化的市场条件。这种专注性有助于提高产品或业务单元的竞争力，因为它们能够更好地满足客户需求。

（2）产品或业务单元结构促进了创新和多样性。每个单元都可以在其领域内进行研发和创新，以满足不同市场的需求。这意味着组织可以同时推出多个产品线或服务，以满足不同客户群体的需求。这种多样性会使组织不会过于依赖单一产品或市场有助于降低市场风险。

（3）产品或业务单元结构提高了责任和绩效的可追溯性。每个单元都有自己的绩效指标和目标，这使得管理层可以更轻松地监督和评估每个单元的表现。如果某个单元不达标，可以采取相应的措施来改进其绩效，而不会对整个组织产生负面影响。

2. 不足

（1）资源会分散。每个单元都需要独立的资源分配，包括人力资源、资金和设施。这会导致资源分配不均衡的问题，某些单元可能会获得更多资源，而其他单元可能会受到限制。管理资源的平衡是一个重要的挑战。

（2）管理复杂性增加。由于每个单元都拥有自己的决策权限，组织管理层需要协调各单元的活动，并确保它们都朝着整体组织的战略目标前进。这需要更强大的中层管理团队以处理协调和沟通方面的问题。

（3）存在竞争和冲突。不同的产品线或业务单元会在资源分配、市场份额和客户竞争方面产生冲突。管理层需要采取措施来面对这些竞争，以确保它们不会危害整体组织的利益。

（4）产品或业务单元结构需要清晰的战略规划和协调。组织必须确保各单元的活动与整体战略相一致，以避免分散和不协调的问题。

（三）矩阵组织结构

矩阵组织结构结合了功能型组织结构和产品或业务单元结构的元素。在矩阵结构中，员工同时报告给功能型经理和产品线或业务单元经理。这种结构有助于实现跨功能的协作和协调，因为员工可以在不同维度协同工作。

1. 优势

（1）矩阵组织结构是一种在现代企业中常见的管理模式，它将功能型组织结构和产品或业务单元结构相结合，为组织带来了独特的优势。在这种结构中，员工同时向功能型经理和产品线或业务单元经理报告，形成了一个交叉矩阵的组织图。这一结构设计的核心目标是在不同的维度上实现协作与协调，为组织提供更大的灵活性和适应性。

（2）矩阵组织结构的最显著优势之一是促进了跨功能的协作。通过将员工分配给产品线或业务单元，他们可以密切合作，追求共同的目标，无论这些目标涉及哪些功能部门。这有利于打破传统功能型结构中的“信息孤岛”，加速了问题解决和创新的过程。此外，员工可以从不同功能领域的专业知识中受益，进一步提高了协作的质量和效率。

（3）矩阵组织结构使组织更具灵活性。由于员工同时报告给不同的经理，他们更容易适应市场变化和客户需求的变化。如果某个产品线需要调整其策略以满足市场需求，员工可以迅速响应，并在其功能领域内做出必要调整。这种灵活性有助于组织更好地适应快速变化的商业环境。

2. 不足

（1）它可能导致权力的分散。员工同时向不同的经理报告，会使权力在组织中分散到不同的层级和职能部门，从而导致决策的模糊性和冲突，因为不同的经理可能持有不同的观点和优先事项。

（2）决策复杂性增加。在矩阵结构中，员工需要协调和平衡不同经理之间的要求和指导。这会导致决策制定的复杂性，因为员工必须考虑多个维度的因素，并确保决策不会与组织整体的战略目标相冲突。

（3）矩阵组织结构需要强大的沟通和协调机制。由于员工涉及多个层级和部门，沟通和信息共享变得至关重要。组织必须建立有效的沟通渠道和决策流程，以确保信息能够迅速传递，并且决策能够高效地制定和执行。

（4）矩阵组织结构需要高度的领导力和管理能力。经理必须能够跨不同功能和产品线的团队协调，解决冲突，以确保整体协同运作。这要求领导层具备卓越的管理和领导技能，以成功实施矩阵组织结构。

二、组织设计原则

企业组织设计是一个复杂而关键的过程，直接影响组织的运营效率、员工的工作体验以及整体绩效。在设计组织结构时，遵循以下重要原则，以确保结构的合理性和有效性：

（一）清晰的责任与权力

每个成员都应该明确了解自己的职责和任务，并知道他们在组织中的位置。这能避免职责混淆和任务模糊。同时，他们也应该明白自己拥有的权力和决策权限，以便能够有效地履行职责。这些权力和职责应该在组织内部明确定义，以防止冲突和混乱。其具体实施方式如下：

1. 明确的职责和任务

在一个组织中，每个成员都应该被赋予明确的职责和任务。这意味着他们清楚地了解自己在组织中的角色和工作职责。这些职责应该与他们的职位描述相一致，并且应该与组织的战略目标相关联。通过明确职责，员工可以更好地理解他们需要做什么，以及他们如何为组织的成功做出贡献。

明确的职责有助于避免混淆和工作交叉。当每个成员都知道自己的任务时，工作流程更加顺畅，问题可以得到快速解决。此外，明确的职责还有助于评估员工的绩效。员工可以被衡量他们是否成功地履行了他们的职责，这有助于建立公平的绩效评价体系。

2. 清晰的位置和组织架构

除了明确的职责，员工还应该清楚了解他们在组织中的位置。这包括了解他们的上级、下级和同事，以及他们如何与其他部门或团队互动。这可以通过清晰的组织结构图和组织图表来传达。

清晰的位置有助于员工理解组织的层级结构和决策流程。他们知道在需要时应该向谁寻求支持或报告问题。此外，清晰的组织架构还有助于提高沟通和协作。员工知道与哪些同事或部门合作，以推动项目或任务的完成。

3. 权力和决策权限的明确定义

除了明确的职责和位置，员工还应该明白他们拥有的权力和决策权限。这意味着他们知道在哪些方面有自主权，可以自行做出决策，而在哪些方面需要获得上级或其他相关方的批准。

权力和决策权限的明确定义有助于避免混淆和不必要的冲突。员工知道他们可以在自己的领域内自主操作，而不会涉足他人的权限范围。这也有利于提高效率，因为员工可以快速做出决策，而不必等待批准。

（二）协调与协作

不同部门和团队之间的信息流和沟通应该协调顺畅，以应对复杂的业务环境。这可以通过设立跨功能的工作组、定期的协调会议以及使用协同工具来实现。协调和协作有利于提高问题解决的效率，推动创新，以及确保各部门的活动都与组织的战略目标相一致。其具体实施方式如下：

1. 跨功能协作的必要性

在复杂的业务环境中，不同部门和团队之间的协调与协作是确保组织成功的关键。首要原则是确保各部门之间的信息流和沟通顺畅，以便有效地应对挑战和机会。这一点至关重要，因为不同部门通常拥有不同的专业知识和资源，而跨功能协作可以最大限度地发挥这些资源的优势。

2. 设立跨功能工作组

为促进跨部门协作，组织可以设立跨功能的工作组。这些工作组由不同部门的成员组成，他们共同致力于解决特定问题或推动重要项目。跨功能工作组的优势在于它们能够集结不同领域的专业知识，促进创新和问题解决。此外，工作组成员从彼此的经验中学习有助于知识分享和技能提升。

3. 定期召开协调会议

定期召开协调会议是确保信息流畅的重要方式。这些会议为不同部门和团队提供了一个分享进展、讨论问题并制订行动计划的平台。协调会议也有利于确保所有部门了解组织的整体情况和战略目标。会议应该具有明确定义的议程和负责人，以确保会议效率和成果。

4. 使用协同工具

协同工具是促进跨部门协作的强大工具。这些工具包括在线项目管理系统、团队聊天应用程序、协作文档平台等。它们允许成员远程合作、实时共享文件和数据，并跟踪项目进展。协同工具能够提高工作效率，使信息共享更加便捷。组织可以选择适合其需求的协同工具，以促进协调与协作。

（三）灵活性与适应性

现代企业必须具备足够的灵活性，以适应快速变化的市场和技术更新。组织结构应该快速调整和重新配置资源，以适应新的挑战和机会。这可以通过采用模块化的组织结构、弹性的工作安排和敏捷的决策过程来实现。灵活性和适应性是在竞争激烈的市场中生存和繁荣的关键因素。其具体实施方式如下：

1. 灵活的组织结构

在实现组织的灵活性和适应性时，组织结构的设计起关键作用。一种常见的做法是采用模块化的组织结构。模块化组织结构将组织分解为各种模块或部分，每个模块可以相对独立地运作。这种分解有利于提高灵活性，因为每个模块可以根据需要快速重新配置，而不会对整个组织产生严重影响。

此外，模块化结构还支持组织的多样化和创新。每个模块可以专注于不同的业务领域或市场，从而更好地满足客户需求。这种模块化的方法还有利于提高资源的有效利用，因为资源可以根据需要分配给不同的模块，而不会浪费在不必要的部门或项目上。

2. 弹性的工作安排

实现组织的灵活性还需要采用弹性的工作安排。这包括允许员工在时间和地点上更加灵活的工作，例如远程工作、弹性工作时间和分时工作。这些灵活的工作安排有助于员工更好地平衡工作与生活，提高了员工的满意度和工作效率。

此外，弹性的工作安排还有助于组织应对紧急情况和变化。例如，在突发状况下，员工可以迅速转换到远程工作模式，以确保业务的连续性。这种灵活性可以减小组织在不确定情况下面临的风险，并提高其应对变化的能力。

3. 敏捷的决策过程

实现组织的适应性需要建立敏捷的决策过程。传统的决策层级会导致决策制定的缓慢和烦琐，这在快速变化的环境中是不可行的。因此，组织需要采用敏捷方法，如敏捷开发或敏捷管理，以促进更快速地制定和执行决策。

敏捷的决策过程强调迅速地反馈循环、小步骤地试验和快速地学习。这有助于组织更好地适应市场变化和客户需求变化。同时，组织要鼓励员工参与决策制定，以获得更广泛的见解和培养创新思维。

4. 学习和适应文化

要实现组织的适应性，必须建立学习文化和适应文化。这意味着组织应该鼓励员工不断学习新知识和技能，以适应变化莫测的环境。学习文化可以通过提供培训和发展机会、支持员工的职业发展来实现。

此外，适应文化强调对失败的容忍和学习。组织应该鼓励员工将失败视为学习的机会，从中吸取教训并不断改进。这有利于组织更好地适应市场的挑战和竞争。

第二节　领导与管理团队

一、领导风格与效能

（一）领导风格的定义

领导风格是领导者在组织中表现出来的特定行为和偏好的集合，这些行为和偏好直接影响组织的效能和员工的绩效。领导风格是领导者个性、经验和价值观的反映，它塑造了组织的文化和氛围。在现代企业管理中，领导风格的选择与运用至关重要，因为它能决定组织的成功或失败。

（二）领导风格的分类

在现代企业中，每种领导风格都有其独特的特点和适用场景。

1. 事务型领导风格

事务型领导以管理和控制为核心，强调遵守规则和程序。他们关注具体的任务和目标的完成，通常表现在执行日常业务中。这种领导风格在以下情景中特别适用：

第一，稳定的环境。在相对稳定的市场和行业中，事务型领导者可以确保组织按照既定计划运行，维持高效率。

第二，任务导向。对于需要明确任务分工和细致管理的项目，事务型领导者能够提供清晰的指导，确保任务按时完成。

第三，变革型领导风格。变革型领导者具有创新和变革的能力，他们鼓励团队探索新的想法和方法。该领导风格在快速变化的行业和市场中尤为重要，具有以下特点和适用场景：一是创新驱动。变革型领导者注重创新，鼓励员工提出新的解决方案，以应对不断变化的挑战。二是高风险环境。在竞争激烈、市场动态性强的领域，变革型领导者能够带领组织应对风险并寻求机会。三是激发激情。变革型领导者通过激发员工的激情和追求卓越，推动组织实现更高的绩效水平。

2. 魅力型领导风格

魅力型领导以魅力和感染力来影响团队成员。他们能够建立强大的员工忠诚度，通常适用于需要建立紧密联系和高度协作的团队，具有以下特点：一是情感智慧。魅力型领导者善于理解员工的情感和需求，建立亲近的关系。二是团队凝聚力。魅力型领导者能够将团队成员凝聚在一起，共同追求组织目标。三是长期忠诚度。魅力型领导者通常能够获得员工的长期忠诚度，这有利于组织的稳定性。

3. 民主型领导风格

民主型领导倾向于与团队成员协商和合作，鼓励员工参与决策。他们注重员工的意见和反馈，适用于强调员工参与和共同决策的组织。该领导风格具有以下特点：一是鼓励合作。民主型领导通过与员工合作来制定决策，以确保更广泛的参与和更好的决策质量。二是员工投入。民主型领导鼓励员工发表自己的意见，提供反馈，增强员工的责任感和投入度。三是创造共识。民主型领导通过建立共识和团队合作，推动组织朝共同的目标前进。

（三）领导风格与员工效能的关系

不同领导风格对员工的激励和绩效产生深远影响。理解这种关系对于领导和管理团队至关重要，因为它能提高组织的效能和员工的幸福感。

1. 事务型领导风格与效能

事务型领导通常注重细节，着重任务的执行和监管。他们会设定明确的目标和标准，并确保员工按计划履行职责。然而，事务型领导风格也有其局限性，他们会忽视员工的个人需求和动机，从而导致员工缺乏激情和创造力，只是按部就班地完成任务。该风格适用于需要严格遵循程序和规则的环境，但不利于推动企业创新和员工发展。

2. 变革型领导风格与效能

变革型领导具有鼓舞和激发员工的能力，他们能够推动组织的变革和创新。他们倡导挑战现状，鼓励员工提出新想法，并建立积极的工作文化。该领导风格有利于提高组织的竞争力和员工的创造力。然而，变革也可能引发员工的不安和抵抗，特别是在组织经历大规模变革时。因此，变革型领导需要具备协调和沟通的能力，帮助员工顺利应对变革。

3. 魅力型领导风格与效能

魅力型领导依靠个人魅力和吸引力影响员工，他们能够建立强大的员工忠诚度。员工通常愿意追随这种领导者，因为他们感到被激发和受到尊重。该领导风格有利于团队的凝聚力和合作，有时甚至可以弥补组织的其他不足。然而，魅力型领导需要确保他们的魅力不仅仅是外部的，还要支持实质性的成果。如果他们无法提供有效的领导和实质性的结果，员工的忠诚度就不足以支持组织的长期成功。

4. 民主型领导风格与效能

民主型领导通常倾向于鼓励员工的参与感和投入度。他们会与员工一起制定决策，听取他们的意见和建议。该领导风格使员工感到被重视和尊重，提高员工的满意度和承诺水平。然而，民主型领导风格需要更多的时间和资源来做决策，因为需要考虑多方观点和建议。在紧急情况下，该领导风格不够高效。

二、领导的发展与培训

（一）领导的发展的重要性

领导的成长和发展对组织的长期成功至关重要。领导在组织中扮演着关键的角色，他们的决策和行动影响整个团队和组织的绩效。以下是领导发展的重要性和对组织的影响：

1. 领导是组织的关键推动者

领导在组织中具有引领、决策和推动变革的作用。他们负责制定组织的长期战略、设定目标，以及协调和指导团队的工作。领导的决策和领导风格直接塑造了组织的方向和绩效。他们的领导能力决定组织是否能够实现其使命和愿景。

2. 领导塑造组织文化

领导的行为和价值观对组织文化产生深远影响。他们的领导风格和价值观成为员工效仿的榜样。激励和支持型的领导者能够促进积极的工作文化，鼓励员工发挥创造力，并建立团队合作的氛围。这有助于提高员工的工作满意度和忠诚度，从而提高组织的绩效。

3. 领导对员工绩效和满意度有重大影响

领导的管理方式和领导风格对员工绩效和满意度产生直接影响。具有良好领导技能的领导者能够激发员工的潜力，提高他们的工作效率。良好的领导可以提供支持和反馈，促进员工发展和成长，从而提高员工的职业满意度。

4. 领导应对挑战和不确定性做出决策

领导通常需要在复杂和不断变化的商业环境中做出决策。他们必须应对挑战、解决问题，以及应对不确定性。领导的领导能力和决策过程直接影响组织的适应性和竞争力。良好的领导能够在压力下保持冷静，制定明智的决策，有利于组织应对外部挑战和机会。

（二）领导发展的方式

领导发展可以通过多种方式实现，这取决于领导的需求和学习偏好。其方式如下：

1. 培训课程

培训课程是一种常见的领导发展方式，它提供了结构化的学习机会，涵盖各种领导技能和知识领域。这些课程通常由专业的培训机构或内部培训团队提供。培训课程包括领导原则和理论、沟通技巧、决策能力、团队建设和领导、问题解决方法、时间管理和优先级管理等内容。参加培训课程有助于领导扩展知识和技能，了解最新的领导趋势，并与其他领导者互动，分享经验。

2. 导师制度

导师制度是一种一对一的领导者发展方式，其中一位经验丰富的领导（导师）与一位较新或有发展潜力的领导（受导者）建立合作关系。导师为受导者提供指导、建议和反馈，帮助其发展领导技能。这种方式具有以下优势：一是个性化指导。导师可以根据受导者的需求和发展目标提供个性化指导，帮助其解决特定问题和挑战。二是经验传承。导师可以分享自己的领导经验和教训，促进受导者的学习和成长。三是长期支持。导师制度通常是长期的合作关系，允许受导者在领导角色中不断成长。

3. 自学和自发学习

自学和自发学习是一种不断提升领导技能和知识的有效方式。这可以通过阅读领导发展书籍、参加网络研讨会、观看在线教育视频等方式来实现。自学的优势包括：一是灵活性。领导可以根据自己的兴趣和学习节奏选择学习材料与时间。二是自我激励。自学培养了自我激励和自我管理的能力，这对领导的成长至关重要。三是持续学习。自学可以成为领导终身学习的一部分，有利于跟上不断变化的商业环境。

4. 参与社交网络和专业协会

领导可以通过参与社交网络和专业协会来扩展他们的专业网络和知识。这些网络和协会提供了与其他领导互动、交流经验和分享最佳实践的机会。参与社交网络和协会的益处包括：一是建立关系。领导可以建立有影响力的关系，与同行交流并寻找合作伙伴。二是学习机会。协会和网络通常组织研讨会和活动，提供不断学习和更新知识的机会。三是行业见解。参与协会有助于领导了解行业动态和趋势，做出明智的决策。

三、团队协作与危机管理

（一）团队协作的重要性

1. 提高创新能力

团队协作不仅是企业内部多样性的反映，也是创新的引擎。

第一，多元化的观点和经验。团队协作的一个关键优势在于能够会聚来自不同背景、专业领域和经验水平的人才。这种多元性为团队带来了各种观点和想法，促进了创新思维的涌现。当团队成员能够自由地分享他们的见解时，就有更大的机会发现新的方法和解决方案，这对于应对日益复杂的市场和客户需求至关重要。

第二，创造性碰撞。团队协作促进了创造性碰撞，即来自不同背景和思维方式的成员之间的互动，这通常带来新的思考方式和创新的想法。通过鼓励自由地讨论和思维碰撞，团队可以在创意方面获得更多灵感，从而开发出更具创新性的解决方案。

2. 增强问题解决能力

团队协作也极大地增强了问题解决的能力。

第一，全面的问题识别。团队协作有助于实现全面的问题识别。不同成员带来的多样性观点有助于团队更全面地理解问题的本质，从而避免片面的决策和解决方案。

第二，团队智慧。团队协作利用所谓的“团队智慧”概念，即整个团队的智力和判断力超过了单个成员的能力。通过集思广益，团队能够更好地分析因果关系，更全面地评估风险，从而制定更明智的决策和解决方案。

3. 增强员工满意度

第一，积极的工作氛围。团队协作有助于建立积极的工作氛围，让员工感觉受到尊重和支持。这种积极的文化鼓励员工更加投入工作，减少了工作压力和冲突。

第二，共享成功和成长。在团队中取得成功通常伴随着成就感和自豪感。团队成员共享成功的喜悦，这种共同成就感有助于增强员工的满意度。此外，通过团队协作，员工可以共同学习和成长，提高他们的职业技能和知识，这对员工的职业发展也有积极影响。

4. 提高工作效率

团队协作不仅有助于提高创新和问题解决能力，还可以显著提高工作效率。

第一，分工合作。团队协作允许工作任务分配给最合适的团队成员，这意味着每个人都在其专业领域内工作，提高了效率和质量。每个成员负责他们的工作，从而加速项目进展。

第二，资源共享。资源共享是团队协作的重要方面。在团队中，成员可以共享信息、工具、经验和最佳实践，从而避免了不必要的重复劳动，提高了效率。这种资源共享可以加速决策过程，确保团队能够更快地采取行动。

第三，降低浪费。团队协作有助于降低浪费，包括时间、资源和劳动力的浪费。通过分工合作和资源共享，团队能够更好地规划工作流程，减少不必要的步骤和重复劳动，从而提高生产力和效率。

（二）团队协作的要素

在现代商业环境中，团队协作是推动组织成功的核心要素之一。团队协作的有效性取决于多个关键要素的综合作用，这些要素互相交织，共同塑造了一个高效的团队协作环境。

1. 清晰的目标和愿景

团队成员需要明确了解他们正在追求的目标，这有利于确保大家朝共同的方向努力。一个清晰的目标有助于团队保持聚焦，减少分散注意力的风险。这包括确定项目的关键绩效指标，以便在实现目标时进行衡量和评估。

2. 明确的角色和职责

每个团队成员都应该清楚地了解他们在团队中的角色和职责。这有利于减少混淆和冲突，确保任务按计划执行。明确的角色分工还可以提高效率，因为每个成员都知道自己的任务和责任。此外，透明的角色分工还可以促进协作，使团队成员更容易协同工作。

3. 有效的沟通

成员之间应该能够自由分享信息、观点和反馈。沟通包括书面、口头和非言语沟通，有效沟通包括倾听他人的观点、清晰表达自己的思想和情感，以及积极地解决任何出现的沟通障碍。

4. 协调和合作机制

成功的团队需要协调工作流程和决策过程。这包括制定项目时间表，分配资源，解决冲突的机制以及确保任务协同工作的流程。协调也可以涉及使用协作工具和技术，以促进信息共享和任务管理。这些机制可以确保团队工作无缝协同，避免资源浪费和混乱。

5. 信任和互相支持

信任是团队协作的重要基石。团队成员之间的信任建立在互相支持、尊重和承诺的基础上。成员需要相信彼此能够完成各自的任务，并相信其他成员会在自己需要时提供支持。建立信任需要时间和一致的行为，但一旦建立起来，它可以显著提高团队的协作效率和效果。

（三）危机管理的重要性

危机是企业生命周期中不可避免的一部分。无论是自然灾害、市场波动还是公关危机，领导团队需要具备危机管理的能力，以迅速、有效地应对挑战，最大限度地减小潜在损失。

危机管理的重要性体现在以下方面：

1. 维护声誉和信誉

企业的声誉和信誉是其最宝贵的资产之一。危机管理有助于企业保护这些宝贵的资源。当危机发生时，公众、客户、合作伙伴和投资者通常会关注企业的应对措施和处理方式。通过有效的危机管理，企业能够更好地应对危机，减小负面影响，降低声誉受损的可能性。维护声誉和信誉对于长期业务成功至关重要，因为它们直接影响着客户忠诚度和市场份额。

2. 降低潜在风险

危机管理不仅是对已知风险的应对，还包括对潜在风险的预测和防范。通过制订危机管理计划，企业可以在危机出现之前识别可能的风险和威胁。这有利于提前采取措施，降低风险发生的概率减少风险带来的影响。潜在的风险可能来自多个方面，包括市场变化、竞争压力、自然灾害、法规变化等。危机管理使企业更具适应性，能够更好地应对不断变化的环境。

3. 快速应对挑战

危机管理培养了领导团队的快速反应能力。当危机发生时，时间通常是关键因素。能够迅速采取行动可以减小危机的影响，并帮助企业更快地恢复正常运营。危机管理计划包括明确的流程和责任分工，确保危机发生时能够有条不紊地采取行动。这种快速应对能力有利于减少潜在损失，维护业务的可持续性。

4. 提高员工和利益相关者信任

危机管理不仅要关注外部利益相关者，还要关注内部员工。员工是企业最重要的资源之一，而且他们通常是危机应对的关键执行者之一。通过为员工提供培训、清晰的指导和支持，危机管理可以提高员工的信心，使他们更能应对危机情况。此外，外部利益相关者也更有信心与一个有危机管理计划的企业合作。这可以增强合作伙伴关系，吸引更多的投资者，并提高客户忠诚度。

（四）危机管理的最佳实践

有效的危机管理有助于企业在面临各种不可预测的挑战和危险时做出明智的决策，减少潜在的损失，保护声誉，维护可持续性。以下是危机管理的最佳实践，可确保危机管理的有效性：

1. 制订紧急应对计划

制订详细的紧急应对计划是危机管理的基础。这一计划应该包括以下关键要素：

（1）企业需要明确定义不同类型的危机。危机包括自然灾害（如地震、飓风）、人为事故（如火灾、事故）以及声誉危机（如负面媒体报道、社交媒体风波）等。每种类型的危机都需要不同的应对策略和资源。因此，明确危机的类型和特征是制订紧急应对计划的第一步。

（2）在紧急应对计划中，明确谁在危机发生时负责什么至关重要。这包括指定危机团队的成员和他们的职责。危机团队通常由高层管理者和关键部门的代表组成。他们的职责包括协调应对措施、决策制定、资源调配、危机通信、与政府机构和媒体互动等。每个成员都应清楚了解自己的角色和职责，以确保危机管理的协同作战。

（3）建立清晰、高效的危机通信渠道是危机管理的核心。通信是在危机期间与内部和外部相关方沟通的关键。内部通信包括与员工、管理层和危机团队的沟通，以确保大家了解当前情况和采取的行动。外部通信则涉及与客户、供应商、媒体、政府机构和社会大众的沟通，以维护声誉和传递必要的信息。在通信渠道方面，企业应该：一是确定主要的内部和外部通信联系人。二是制订通信计划，包括危机消息的起草和发布时间表。三是提前准备好常见问题的答案，以便能够快速回应各方的疑虑和问题。

（4）制定清晰的决策流程是危机发生时能够做出明智决策的关键。这一流程应包括以下要素：

①什么情况下需要启动危机管理计划？明确触发条件。

②如何收集和评估危机信息？确定信息来源和分析方法。

③如何做出关键决策？明确决策者和决策时间表。

④如何调配资源？确保有足够的资源来应对危机。

⑤如何进行后续的监测和反馈？确保在危机解决后进行事后评估和学习。

⑥决策流程应该简明扼要，易于理解和执行。

（5）危机管理计划不应该被制订后就束之高阁。企业应该建立定期审查和更新机制，以确保计划始终与企业的需求和环境变化相一致。这包括：

①定期进行模拟危机演练，以测试计划的有效性。

②定期审查危机管理计划，对其进行修订和改进。

③吸取过去危机应对的经验教训，不断提高危机管理的水平。

2. 培训团队成员

危机管理团队的成员是企业在面对危机时的第一响应者，他们需要具备特定的技能和知识，以有效地识别、评估和应对危机情况。为了确保危机管理团队在危机发生时能够胜任其工作，培训专员是至关重要的。以下是危机管理团队成员培训的关键方面：

（1）危机感知和辨别。一是培训成员需要学会辨别可能的危机信号和风险迹象。这包括企业所面临的各种风险类型，如自然灾害、供应链中断、声誉风险等。通过定期更新危机情报，团队成员可以更早地感知到潜在的威胁。二是培训应包括如何进行风险评估，以确定危机的潜在影响和可能性。成员需要学会识别哪些风险最具紧迫性和严重性，以便有效地分配资源和采取行动。三是团队成员应了解如何建立有效的监测和报告系统，以及如何实时跟踪潜在的危机情况。这包括使用监测工具、指标和关键性能指标等，以向决策者提供及时的危机报告。

（2）紧急情况处理。一是冷静应对。危机时，情况通常紧急和混乱，培训成员学会保持冷静。他们应该了解如何有效地应对紧急情况，避免恐慌，并采取适当的措施来减小危机的影响。二是应急计划执行。培训应包括如何执行紧急应对计划。成员需要知道何时启动计划，如何协调行动，以及如何快速做出关键决策。模拟危机情景有助于成员在实际情况下锻炼这些技能。三是资源调配。当危机发生时，资源管理至关重要。培训成员学会有效地调配人力、物资和财务资源，以满足紧急需求。

（3）危机通信。一是内部通信。团队成员应具备良好的内部沟通技巧，以确保危急情况下团队内部的协作和信息共享。他们需要知道如何向员工、管理层和其他团队成员传达重要信息。二是外部通信。当危机发生时，与外部利益相关者的有效沟通至关重要。培训应包括如何与客户、供应商、媒体、政府机构和社会大众进行沟通，以传达信息、解释情况并维护声誉。三是危机通信计划。团队成员应了解如何制订和执行危机通信计划。这包括确定主要发言人、编写危机消息、管理社交媒体和协调与媒体的互动。

（4）模拟危机演练。一是实战模拟。模拟危机演练是培训成员应对真实危机情景的有效方式。通过定期进行模拟演练，团队成员可以在相对低风险的环境中应用所学，增强应对危机的信心和能力。二是反馈和改进。在模拟演练后，团队成员应接受反馈和评估，以识别成功之处和需要改进的方面。这有利于不断提高危机管理的效能。

3.建立危机沟通渠道

（1）内部沟通。内部沟通是危机管理的基础，因为员工是组织的重要组成部分之一，他们需要了解危机的性质、影响和组织的应对计划。以下是建立内部沟通渠道的关键步骤：一是组织应该确保所有员工都了解危机管理计划和流程。这包括提供培训、教育和培训材料，以便他们了解如何在危急情况下采取适当的行动。二是角色和职责明确。每个员工都应清楚了解他们在危机发生时的角色和职责。这可以通过明确的职责分配和组织内部通信来实现。三是内部通信渠道。建立内部通信渠道，以便员工能够快速接收重要信息。这包括内部电子邮件、内部网站、即时消息工具等。四是定期更新。确保危机管理计划和内部沟通渠道定期更新，以反映组织的需求和变化。员工应该知道如何访问最新信息。

（2）外部沟通。外部沟通涉及与外部利益相关者的联系，包括媒体、政府机构、客户、供应商和其他社会群体。建立有效的外部沟通渠道对于传达正确的信息、维护声誉和减小危机的负面影响至关重要。一是媒体联系。建立与媒体的联系是危机沟通的重要部分。组织应该指定发言人负责与媒体互动，确保信息传达一致和准确。发言人需要受过媒体培训，以处理压力和回答媒体的问题。二是政府机构联系。根据危机的性质，可能需要与政府机构合作，以获得支持或协助。建立与政府机构的联系，了解相关法规和法律要求，并确保及时向政府报告危机情况。三是客户和供应商联系。通知客户和供应商危机情况，以确保他们了解可能的影响和变化。四是社交媒体管理。当危机发生时，社交媒体会成为信息传播的重要渠道。组织需要有社交媒体管理计划，包括指定社交媒体发言人和实时监测社交媒体上的讨论。

（3）开放、透明和坦诚。在危机沟通中，开放、透明和坦诚的原则至关重要。这意味着组织应该：一是传达真实信息。不隐瞒或扭曲信息，向内外部利益相关者提供真实和准确的情况说明。二是接受反馈。倾听员工、客户和其他相关方的反馈和疑虑，并采取适当措施来解决问题。三是及时传达。信息应该及时传达，以防止谣言和不确定性的传播。四是尊重隐私。尊重个体和组织的隐私权，只在必要情况下公开个人信息。

（4）危机沟通计划需持续改进。危机管理团队应定期审查和改进危机沟通计划。这包括事后评估，以识别成功和改进之处，以及反馈的整合，以应对未来的危机。

第三节　变革管理

一、变革管理模型

（一）变革管理的概念与意义

变革管理是现代企业在面临市场竞争、技术进步和新业务模式等挑战时所采用的重要战略。它涉及组织内部结构、流程、文化等多方面的调整，以适应变化的外部环境。变革管理的主要目标是使变革得以顺利实施，最大限度地减小负面影响，提高员工的接受度，以及确保组织能够快速适应变化。

（二）变革管理模型的种类

在变革管理领域，存在多种不同的模型和方法，每个模型都有其独特的特点和适用情境。以下是一些常见的变革管理模型：

1. 卢因（Lewin）变革管理模型

卢因提出的经典三阶段模型包括“解冻—变化—再冻结”。该模型强调了在变革前需要解冻当前状态，然后引入变化，并最终再冻结新状态以确保持续稳定。

2. 科特（Kotter）变革管理八步模型

科特提出的模型强调了八个步骤，包括建立紧迫感、形成强大的变革团队、制定愿景等，以引导组织成功实施变革。

3. ADKAR 变革模型

ADKAR 代表“认知（Awareness）、愿望（Desire）、知识（Knowledge）、能力（Ability）、加强（Reinforcement）”，该模型关注个体的变革过程，强调在变革中关注员工的心理状态和需求。

4. 麦金塔变革模型

该模型将变革分为六个阶段，包括决策、设计、规划、实施、运营和监测。

它强调了全面的变革管理，包括战略规划、实施和绩效评估。

（三）选择适合的变革管理模型

选择适合的变革管理模型取决于组织的需求、文化和变革的性质。不同的模型强调不同的方面，有的侧重于组织结构的改变，有的关注员工的情感和行为变化。因此，组织应根据具体情况选择最适合的模型或将多种模型结合使用。

在选择模型时，组织需要考虑以下因素：

1. 变革性质

变革的性质指的是变革项目的规模、范围和影响，它对选择适合的变革管理模型具有重要意义。不同的变革性质需要不同的管理方法和工具，以确保变革的成功实施。

2. 组织文化

组织文化是指组织内部的共享价值观、信仰、习惯和行为模式。它是组织的核心特征之一，对组织的运作和员工的行为产生深远影响。组织文化对变革管理模型的选择和变革的成功实施产生重要影响。

第一，文化变革与结构 / 流程变革的平衡。在选择变革管理模型时，组织需要考虑文化变革和结构 / 流程变革之间的平衡。不同的变革管理模型强调不同的方面，有些侧重于文化变革，强调改变组织的价值观和行为模式，而其他模型更关注组织结构和流程的改变。一是文化变革重点模型。一些模型，如科特的八步变革管理模型和 ADKAR 模型，更加关注员工的心理状态和文化变革。它们强调建立紧迫感、制定愿景、培训员工等方面，以推动文化的改变。这些模型适用于组织需要进行深刻文化变革的情况，如从传统到创新型文化的转变。二是结构 / 流程变革重点模型。另一些模型，如麦金塔变革模型，更关注变革的执行和管理，包括决策、规划、实施等方面。它们更适用于需要进行大规模结构和流程变革的组织，如合并、收购或全球性战略变革。

第二，文化与模型的相容性。选择适合的变革管理模型需要考虑组织的文化和模型的相容性。如果组织的文化倾向于创新、灵活和开放，那么选择强调文化变革的模型更容易被接受和成功实施。反之，如果组织的文化偏向传统、保守，那么选择结构 / 流程变革的模型更适合。

3. 变革领导

组织的领导团队对变革的支持和理解也会影响选择的模型。某些模型需要更强大的领导团队参与，而其他模型更加注重员工的积极参与。

（1）领导团队在变革中的作用

领导团队在组织变革中扮演着重要角色，他们的支持和理解对于变革的成功实施至关重要。领导团队的作用可以总结如下：一是设定愿景和方向。领导团队应该明确变革的愿景和方向，为组织提供明确的指导，使员工了解变革的目标和意义。二是制定变革策略。领导团队需要制定详细的变革策略，包括变革的步骤、时间表和资源分配。三是提供资源支持。领导团队应该确保变革所需的资源，包括财务、技术和人力资源，得到充分的支持。四是激发员工参与。领导团队应该积极激发员工的参与和合作，建立积极的变革文化。五是解决障碍和抵抗。领导团队需要迅速识别和解决出现的障碍和员工的抵抗，以确保变革顺利进行。六是持续监测和评估。领导团队应该建立监测和评估机制，以了解变革的进展，并根据需要进行调整和改进。

（2）领导团队需具备的关键特质

领导团队在变革中的成功与其具备以下关键特质和能力密切相关：一是愿景和沟通技能。领导团队需要有明确的愿景，并能够有效地传达给员工，激发他们的共鸣和合作。二是决策能力。领导团队必须具备迅速做出决策的能力，尤其是在面临不确定性和压力的情况下。三是变革领导力。领导团队需要了解变革管理原则和方法，能够有效地引导和管理变革过程。四是团队合作。领导团队应该能够协同工作，确保变革的各个方面得到协调和整合。五是适应性。领导团队需要有适应变化的能力，以应对变革过程中不断变化的情况。六是成为榜样。领导团队应该成为榜样，展示出对变革的支持和承诺，以鼓励员工的积极参与。

二、沟通与员工参与

沟通在变革管理中起着至关重要的作用。它是将变革愿景传达给员工的主要途径，帮助员工理解变革的背景、目标和影响。有效的沟通可以提高员工的支持度和参与度，减少不确定性和抵抗。

（一）沟通策略

制定一个全面的沟通策略是确保变革成功的关键。沟通策略主要包括以下要素：

1. 明确的信息传达

确保变革的信息明确、清晰、一致，并以各种途径传达给员工。这包括会议、邮件、内部网站、员工手册等。

2. 定期更新

提供定期的变革更新，以便员工了解进展和下一步计划。这有助于减少不确定性和谣言的传播。

3. 双向沟通

鼓励员工提供反馈和提问，建立双向沟通渠道。领导应该倾听员工的声音，并积极回应疑虑和问题。

4. 定制化沟通

考虑到不同员工群体的需求，制订定制化的沟通计划。不同层次的员工需要不同类型和深度的信息。

5. 强调变革的意义

在沟通中强调变革对组织和员工的重要性。明确表达变革的愿景和价值，以激发员工的参与和支持。

（二）员工参与

员工参与是成功的变革管理的关键组成部分。它包括员工的积极参与、反馈提供和问题解决。

员工参与不仅能提高变革的质量和速度，还能减少员工的抵抗和不满情绪，增强组织的变革文化。以下是员工参与的重要性：

第一，质量和速度。员工参与可以带来多样的观点和经验，有助于识别问题、提出解决方案，并推动变革进展。员工的积极参与可以加速变革的实施，提高成功的概率。

第二，减少抵抗。员工通常会感到不安和抵抗变革。通过参与，他们能够更好地理解变革的动机和好处，从而减少抵抗，提高变革的成功率。

第三，增强变革文化。员工参与有助于建立积极的变革文化，使员工更愿意面对变革，并能够适应未来的变化。这能提高组织的灵活性和竞争力。

要实现有效的员工参与，组织可以采取以下措施：第一，员工参与计划。制订员工参与计划，包括定期会议、工作组和反馈渠道。这些计划为员工提供了发表意见和建议的机会，确保他们的声音被听到。第二，认可和奖励。认可和奖励员工的积极参与和贡献，以鼓励更多员工参与。这包括表扬、奖金、晋升等方式，以展示组织对员工的重视。第三，问题解决机制。建立问题解决机制，以便员工能够提出问题和疑虑，并及时得到解决。这有助于减少员工的不满情绪，增强他们的信任和满意度。

员工参与虽然对于变革管理至关重要，但也会面临一些挑战，包括员工的不安、抵抗和意见分歧。为了应对这些挑战，组织可以采取以下方法：第一，开放性沟通。建立开放、透明和坦诚的沟通渠道，以确保员工能够了解变革的进展和动机。定期与员工分享信息，并鼓励他们提出问题和反馈。第二，教育和培训。为员工提供必要的教育和培训，以帮助他们理解变革的目标和影响。培训有助于员工增强信心，减少不安情绪。第三，参与决策。鼓励员工参与决策过程，让他们感到自己的声音被听到。通过共同制定决策，员工更愿意支持变革。第四，建立信任。建立信任是员工参与的关键。领导团队应该建立信任关系，展示出对员工的尊重和信任。领导者要积极处理员工的问题，减少抵抗情绪，以增强员工的信心。

第五章　现代企业市场营销与客户关系管理

第一节　市场研究与市场定位

一、市场研究方法

市场研究是为了深入了解市场、竞争环境和目标客户而进行的一系列活动。市场研究方法的选择对于制定有效的市场策略至关重要。

（一）调查和问卷调查

调查和问卷调查是市场研究中常用的定量数据收集方法。该方法通过设计问卷并分发给目标受众，以收集客户、潜在客户或市场参与者的意见和反馈。以下是调查和问卷调查的一些关键步骤：

1. 设计问卷

研究人员需要设计一份问卷，其中包括与研究目标相关的问题。问卷的设计应考虑问题的清晰性、简洁性和客观性，避免引导性或误导性问题。

2. 目标样本

确定要调查的目标受众或受访者。这可以是现有客户、潜在客户、市场群体或特定人群。

3. 采样方法

选择采样方法，以确保样本具有代表性。采样方法可以是随机抽样、分层抽样、方便抽样等。

4. 数据收集

分发问卷并收集回复。数据收集可以通过在线调查、电话调查、面对面访谈或邮寄方式进行，具体方法取决于目标受众。

5. 数据分析

一旦收集足够的数据，研究人员可以使用数据分析工具和统计方法来解释和分析结果。这包括频率分析、关联分析、因子分析等。

6. 洞察提取

根据数据分析的结果，提取洞察和结论，以回答研究问题并支持市场策略的制定。

（二）市场观察

市场观察是一种定性研究方法，通过观察市场和竞争对手的行为和趋势来获取信息。该方法有助于深入了解市场的动态和趋势，而不是依赖受访者的反馈。以下是市场观察的一些方法：

1. 实地考察

实地考察是市场研究中的一种重要方法，它涉及研究人员亲自前往市场、商店、展会、竞争对手的地点等实际交易场所，进行观察和数据收集。该方法的目的是获取有关市场和竞争环境的直观信息，以支持市场分析和决策制定。其具体步骤如下：

（1）确定研究目的。在进行实地考察之前，研究人员应明确定义研究的目的和研究问题。这有助于确保考察的重点和方向与研究目标相一致。例如，研究人员希望了解竞争对手的产品陈列策略，或者观察消费者在购物过程中的行为和偏好。

（2）选择合适的场所。根据研究目的，选择合适的实地考察场所。这可以是零售商店、超市、展览会、餐厅、工厂或其他相关场所。不同的场所提供不同类型的信息，因此选择应根据研究需求来进行。

（3）制订考察计划。在进行实地考察之前，制订详细的考察计划。计划包括确定考察的日期和时间、需要观察的关键要点、采集数据的方法（如照片、记录、问卷等）、需要使用的工具和设备等。制订计划有助于确保考察的有序进行。

（4）进行观察和数据收集。在实地考察时，研究人员应根据计划进行观察和数据收集。这包括记录产品陈列情况、观察顾客行为、采集价格信息、拍摄照片或视频等。数据的收集应尽可能客观和详细，以支持后续的分析和解释。

2. 网络分析

网络分析是一种市场研究方法，通过监测和分析在线平台、社交媒体、论坛、博客等互联网资源，以了解市场参与者的讨论、评论和互动，从而获取有关市场动态和消费者反馈的信息。该方法允许研究人员深入了解消费者的声音、市场趋势以及竞争对手的活动。其具体步骤如下：

（1）数据收集。网络分析的第一步是数据收集。研究人员使用专门的工具和软件来监测互联网上的信息流，包括社交媒体帖子、评论、博客文章、新闻报道等。这些数据可以通过网络爬虫、API（应用程序接口）或第三方数据提供商获取。

（2）数据处理。一旦数据被收集，它们需要进行处理和清洗，以确保数据的质量和可分析性。这包括去除噪声数据、标准化文本、识别关键词和主题等。

（3）情感分析。情感分析是网络分析的重要组成部分。通过情感分析，研究人员可以确定文本数据中的情感倾向，如正面、负面或中性。这有助于了解消费者对产品、品牌或市场事件的态度和情感反应。

（4）主题识别。主题识别是指识别和分类文本数据中的关键主题或话题。通过自然语言处理技术，研究人员可以确定讨论的主题，这有助于发现市场中的热点问题和关注点。

（5）洞察提取。在数据分析的最后阶段，研究人员提取洞察和结论。他们可以识别市场趋势、消费者需求、竞争动态以及潜在的市场机会。这些洞察可以为市场策略的制定和调整提供有力的支持。

市场研究可采取的形式有以下三种。

1. 竞争对手跟踪

竞争对手跟踪是市场研究的一个重要组成部分，它旨在监测和分析竞争对手的活动、广告、定价策略和产品发布等方面。这有助于企业更好地了解竞争环境、竞争者的策略以及市场趋势。其具体步骤如下：

（1）竞争对手分析。竞争对手分析是竞争对手跟踪的核心。企业需要识别主要竞争对手，并收集关于他们的信息。这包括竞争对手的公司资料、产品和服务、市场份额、财务状况等。

（2）广告和市场活动监测。企业应该密切关注竞争对手的广告和市场活动。这可以通过监测广告媒体、社交媒体、网站和新闻报道来实现。了解竞争对手的广告战略和宣传活动有助于企业更好地制定自己的广告策略。

（3）定价策略研究。了解竞争对手的定价策略对于制定自己的定价策略至关重要。企业可以监测竞争对手的价格变化、促销活动和折扣政策。这有助于企业确定市场价格的合理范围。

（4）新产品和新服务发布。竞争对手的新产品和新服务发布可以对市场格局产生重大影响。企业应该及时了解竞争对手的新品动态，以便做出适当反应。这包括产品改进、创新和市场定位调整。

（5）市场份额。监测竞争对手的市场份额是持续跟踪的一部分。企业可以通过市场研究和数据分析来评估竞争对手在市场中的地位，并了解市场的发展方向。

2. 趋势分析

趋势分析是市场研究的一个重要组成部分，它旨在观察并分析市场中的各种趋势，包括新兴技术、消费者偏好的变化和行业发展动向等。这有助于企业预测未来市场走势并制定相应的战略。其分析的要点包括：

（1）新兴技术的观察。新兴技术对各行各业产生深远影响。企业需要密切关注新兴技术的发展，特别是与其所在行业相关的技术。这可以通过参与技术会议、研究报告和专业网络来实现。了解新技术的趋势和应用有助于企业在市场上保持竞争优势。

（2）消费者偏好的变化。消费者偏好和行为在不断变化，主要受文化、社会、经济和技术因素的影响。企业需要进行市场调查和消费者调查，以了解消费者的需求和偏好。此外，社交媒体和在线评论等渠道也提供了宝贵的消费者反馈。通过持续监测和分析消费者偏好的变化，企业可以调整产品和服务以满足市场需求。

（3）行业发展动向的研究。了解所在行业的发展动向对企业的长期成功至关重要。企业可以通过研究行业报告、行业协会的数据和专业期刊来获取信息。此外，参与行业会议和展览也有助于了解行业内的最新趋势和创新。通过追踪行业发展动向，企业可以更好地应对市场挑战并抓住机会。

（4）未来市场走势的预测。趋势分析的最终目标是预测未来市场走势。这需要综合考虑新兴技术、消费者偏好的变化和行业发展动向等因素，并作出相应的预测。企业可以借助市场研究和数据分析工具来制定未来市场战略，以满足市场需求并保持竞争优势。

3. 消费者行为研究

消费者行为研究是市场研究中的一个重要领域，旨在观察和记录消费者在购物、使用产品或参与市场活动时的行为和反应。这个领域主要包括购买决策、品牌忠诚度、市场营销效果和消费者满意度等方面。其研究的要点如下：

（1）购买决策的研究。了解消费者在购买产品或服务时所采取的步骤和过程是消费者行为研究的一个重要内容。这包括问题识别、信息搜索、评估不同选项、购买决策和后购买行为等阶段。企业可以通过分析这些过程来了解消费者的决策模式和影响因素。

（2）品牌忠诚度的评估。品牌忠诚度是消费者选择一种特定品牌的程度。消费者行为研究有助于企业评估其品牌在市场中的地位，并了解客户对竞争品牌的偏好。通过分析品牌忠诚度，企业可以制定品牌管理策略，以吸引和保留忠诚客户。

（3）市场营销效果的分析。企业投入大量资源用于市场营销活动，消费者行为研究有助于企业评估这些活动的效果。这包括广告、促销、社交媒体营销和营销活动的影响分析。通过了解哪些市场营销策略最有效，企业可以优化其市场营销计划。

（4）消费者满意度的评估。了解消费者对产品或服务的满意度是关键的市场研究目标。消费者行为研究有助于企业评估客户满意度，识别问题并改进产品或服务。满意的客户更有可能成为忠诚客户，并推荐产品或服务给其他人。

二、市场定位

确定目标市场是市场定位中至关重要的一步，它涉及选择适合组织的市场细分，以更好地满足特定客户群体的需求。这个过程需要认真考虑多个因素，如市场细分、目标客户群体和需求分析，以确保组织的市场策略成功实施。

（一）市场细分

市场细分是市场定位的起点，它涉及将整个市场分解为更小、更具体的市场。这样的细分可以使组织更好地了解客户，并有针对性地满足他们的需求。市场细分通常基于不同的因素，如地理位置、行为、人口统计和心理特征。

第一，地理位置细分。基于不同地理区域的市场细分，有助于组织更好地适应不同地区的文化、法规和需求。例如，城市和农村地区可能存在不同的市场需求。

第二，行为细分。根据客户的购买行为、品牌忠诚度、购买频率等因素来划分市场，有助于组织更好地了解客户的购买习惯和需求。

第三，人口统计细分。基于人口统计特征如年龄、性别、家庭状况等来划分市场，有助于组织更好地定位其产品或服务。

第四，心理特征细分。基于客户的兴趣、价值观、生活方式等因素来划分市场，有助于理解客户的心理需求和期望。

（二）目标客户群体

市场细分后，进一步明确目标客户群体是市场定位策略中至关重要的一步。目标客户群体的选择需基于多个因素，例如年龄、性别、地理位置和兴趣等，以确保组织的市场活动更具针对性和有效性。

1. 年龄

年龄因素是明确目标客户群体要考虑的因素之一。不同年龄段的人有不同的购买行为、偏好和需求，因此，针对特定年龄段的客户有助于组织更好地满足他们的期望。

第一，青少年。青少年是一个充满活力和潜力的市场细分。他们通常关注时尚、娱乐和社交互动。因此，企业针对这一年龄段的客户可以考虑以下策略：青少年追求新颖性和独特性。因此，产品或服务应该注重创新和独特性，以吸引他们的兴趣。社交互动对青少年非常重要。因此，企业可以考虑与社交媒体平台合作，通过社交媒体广告和活动来接触他们。青少年通常财务资源有限，因此价格敏感度较高。企业可以提供价格亲民的产品或优惠券，以增加他们的购买意愿。关注青少年的品牌形象和社会责任也是一个重要方面，这有助于企业与他们产生共鸣。

第二，青年人。青年人通常处于职业和生活中的转折点。他们更关注事业发展、家庭和生活品质。因此，企业可以考虑以下策略：首先，了解他们的职业需求并提供相关的产品或服务。这包括职业培训、工作工具或职业规划咨询。其次，青年人也可能是家庭的关键决策者。因此，产品或服务可以侧重于满足他们的家庭需求，如家庭用品、教育资源和儿童护理。再次，这个年龄段的人通常比较注重生活品质，所以企业可以提供与健康、休闲和娱乐相关的产品和服务。最后，与青年人建立紧密联系的社交媒体和在线广告是有效的市场推广方法。

第三，中年人。中年人通常更关注健康、家庭、投资和退休规划。市场定位可以针对满足这些方面的需求：健康是中年人的首要关注点。企业可以提供健康保健产品、医疗服务或健康咨询。家庭和家庭生活是他们的重要组成部分。因此，家居产品、家庭服务和家庭娱乐受到他们的关注。中年人通常有更多的资金和财务需求。金融产品、投资服务和退休规划咨询可以满足他们的需求。与中年人建立信任和长期关系非常重要。因此，笔者建议提供良好的客户服务和个性化的解决方案。

第四，老年人。老年人可能会有更多的医疗和养老需求。产品或服务可以专注于提供医疗保健、养老设施或相关服务：医疗保健是老年人的首要需求。提供医疗设施、医疗服务和医疗保险可以满足他们的需求。养老设施和服务对于那些需要长期照顾和支持的老年人来说至关重要。老年人也可能对休闲活动和社交互动感兴趣。提供社交俱乐部、康复活动和文化活动可以丰富他们的生活。老年人更加注重信任和安全性。因此，笔者建议建立良好的声誉和信誉，并提供安全保障。

2. 性别

性别也是一个确定目标客户群体因素。男性和女性在购买决策、品位和需求上存在差异，因此，根据性别来选择目标客户群体可以更好地满足他们的需求。

男性。针对男性的市场活动可能强调功能、性能和实用性。例如，男性更关注汽车性能、科技产品和运动设备。

女性。针对女性市场活动要强调外观、品质和情感联结。例如，女性更关注时尚、家居装饰、健康与美容产品。女性通常也更注重购物体验。购物对于许多女性来说不仅是满足需求的行为，还是愉悦的体验。因此，提供愉快的购物环境、个性化服务和高品质客户体验是至关重要的。女性通常还更重视社交互动和情感联结。品牌可以通过社交媒体活动、情感化的广告及建立情感联结的方式吸引女性客户。建立品牌忠诚度和社交共鸣对于吸引女性消费者非常关键。

3. 地理位置

地理位置是另一个确定目标客户群体的因素。不同地区的人可能有不同的文化、气候和生活方式，因此，根据地理位置来选择目标客户群体有助于组织更好地适应不同地区的需求。

第一，城市。针对城市居民的市场策略需要考虑到他们的生活快节奏和多样化需求。例如，城市人群更需要交通便利、快递服务和娱乐活动。城市居民的生活节奏通常较快，他们更注重便捷性和效率。因此，市场策略应该着重满足他们的需求，如提供交通便利、快递服务、在线购物和外卖等便捷选项。城市人口通常来自各个文化背景，拥有多样化的兴趣和需求。因此，产品和服务应该多样化，以满足不同文化背景和兴趣的城市居民。城市居民通常具有独特的生活方式，如喜欢城市夜生活、文化活动和社交互动。市场策略可以侧重于满足这些生活方式，提供夜间娱乐场所、文化活动和社交应用。城市环境会对产品和服务的需求产生影响。例如，在大城市中，交通拥堵层导致人们更喜欢使用公共交通工具或共享出行服务。因此，市场策略应该考虑到城市环境对消费者行为的影响。

第二，乡村。针对农村地区的市场策略需要关注农业、农村金融和基础设施建设等领域，以满足农村居民的需求。农村地区的市场策略需要关注农业和农村金融领域。农村居民通常以农业为主要生计，因此，产品和服务包括农业机械、农业咨询和农村金融产品。农村地区面临金融服务不足的问题，因此，提供农村金融服务，如小额贷款和储蓄计划，可以满足农村居民的需求。农村地区通常需要更多的基础设施建设，如道路、电力和通信。企业可以考虑参与这些基础设施项目，同时提供相应的产品和服务，以满足农村地区的需求。农村地区的文化和价值观与城市有所不同，因此，市场策略应该尊重并适应农村文化和价值观。这包括产品的设计、广告宣传和客户服务的定制。

4. 兴趣

了解客户的兴趣和爱好有助于组织更好地满足他们的需求。根据客户的兴趣来选择目标客户群体可以使市场活动更具吸引力。

选择目标客户群体时，组织需要综合考虑这些因素，并根据其产品或服务的特性和竞争环境做出明智决策。这有助于组织更有针对性地开展市场活动，提高市场占有率，并增强客户满意度。在市场定位过程中，持续的市场研究和客户反馈也是不可或缺的，以确保目标客户群体的需求得到满足，市场策略得以调整和优化。

（三）需求分析

了解目标客户群体的需求是成功市场定位的关键。需求分析可以通过市场调研、客户反馈和数据分析来实现。以下是一些需求分析的重要方面：

1. 产品或服务需求

在进行需求分析时，首要任务是确定客户对产品或服务的具体需求。这一步骤对于成功市场定位和产品开发至关重要。以下是一些有助于企业识别产品或服务需求的关键方面：一是功能需求。了解客户需要产品或服务具备的功能。这包括产品的基本功能和附加功能，以满足客户的特定需求。例如，一款智能手机的功能需求包括通话、短信、互联网、摄像等。二是特性需求。客户通常会对产品或服务的特性有一定的期望。这可能涉及外观设计、性能特点、可用性、可维护性等。例如，汽车买家更关心汽车的燃油效率、安全性和外观。三是性能需求。客户可能对产品或服务的性能要求有明确的期望。这包括速度、精确性、耐用性等方面的要求。例如，在工业机械领域，客户对设备的生产能力和可靠性有严格的要求。

2. 问题和挑战

了解客户面临的问题和挑战是另一个重要方面，有助于企业找到市场机会并提供解决方案。以下是一些相关考虑因素：一是识别问题。客户可能面临各种问题，从日常生活中的小问题到企业运营中的大问题。需要识别这些问题，了解其性质和影响。二是挑战性质。了解问题的性质，包括是否是临时性、长期性、结构性等。这有助于企业确定解决方案的可行性和紧迫性。三是市场机会。问题和挑战常常伴随着市场机会。通过解决问题，企业可以在市场上获得竞争优势并提供有价值的解决方案。

3. 购买决策过程

了解客户在购买产品或服务时的决策过程对于制定销售和营销策略至关重要。以下是一些考虑因素：一是信息获取。客户在做出购买决策之前通常会寻找相关信息。了解客户通常在哪里获取信息，有助于企业选择合适的宣传渠道。二是比较和选择。客户通常会比较不同产品或服务的优缺点，然后做出选择。了解客户在比较和选择过程中关注的因素，有助于企业优化产品或服务特点。三是决策制定者。在一些情况下，决策不仅由最终用户做出，还可能涉及其他利益相关者。了解购买决策的相关人员和过程，有助于企业更好地定位和营销产品或服务。

第二节　产品定价策略与促销策略

一、产品定价策略

产品定价策略是企业在市场上定价产品或服务时所采用的方法和战略。正确的定价策略不仅能够确保企业获得可持续的利润，还能影响市场竞争力、品牌形象和客户忠诚度。

（一）市场导向定价

市场导向定价是一种基于市场需求和竞争情况的定价策略。企业首先分析市场中的竞争对手、产品替代品以及消费者需求，然后制定在市场中保持竞争力的价格。该策略的关键是了解市场，包括市场定价趋势、价格敏感度和消费者偏好。企业可以选择以下不同的市场导向定价策略：

1. 市场领导定价

企业选择高价策略，以表明其产品或服务的高品质和独特性。这通常适用于拥有强大品牌和市场地位的企业。

2. 市场挑战定价

企业选择低价策略，以挑战市场领导者并获得更多市场份额。这会牺牲一些利润以实现更大的销售量。

3. 市场导向定价

企业根据市场需求和竞争情况调整价格。价格会根据季节、地理位置或特殊促销活动而发生变化。

市场导向定价要求企业密切关注市场动态，灵活调整价格以适应不断变化的市场条件。

（二）成本加成定价

成本加成定价是一种将产品或服务的成本与所需的利润相加来确定价格的策略。该策略通常适用于生产成本相对稳定的情况，如大规模生产。成本加成定价包括以下步骤：

1. 计算成本

企业需要准确计算生产或提供产品或服务的成本，包括直接成本（原材料、劳动力等）和间接成本（设备、租金等）。

2. 确定所需利润

企业需要确定所需的利润水平，这通常取决于企业的盈利目标和市场竞争情况。

3. 计算价格

将成本和所需利润相加，得出最终价格。

成本加成定价的优势是相对简单和可预测，但它忽视了市场需求和竞争情况，因此需要与市场导向定价策略结合使用。

（三）价值定价

价值定价是根据产品或服务提供的价值来确定价格的策略。企业会考虑客户对产品或服务的感知价值，并据此制定价格。该策略通常要求企业了解客户需求、竞争情况和市场定位。价值定价包括以下步骤：

1. 理解客户需求

企业需要深入了解客户的需求、偏好和购买动机，以确定产品或服务的价值。

2. 评估竞争情况

企业需要分析市场竞争对手和替代品，以确定自己的产品或服务在市场中的位置。

3. 定价策略

价值定价的关键是提供超越价格的附加价值，使客户感到满意并愿意支付更高的价格。

（四）心理定价

心理定价是通过价格的数字、符号或排列方式来影响消费者的感知，从而塑造价格的策略。该策略旨在利用消费者的心理反应，使价格看起来更具吸引力。

奇数价格策略是心理定价策略之一，通常将价格设定为以奇数数字结尾，如 \$9.99 而不是 \$10.00。该策略旨在影响消费者的价格感知，使产品或服务看起来更具吸引力。

第一，价格感知。奇数价格的使用基于消费者的心理反应。价格以奇数结尾时，人们倾向于认为价格更低，即使实际差距很小。这种心理效应被称为“左数字效应”，因为人们在价格中关注的是最左边的数字。

第二，尾数定价。消费者通常会避免将价格为整数，因为他们希望自己在购物时获得了更好的交易。这种心理反应使得留有尾数成为吸引消费者的有效方式。

第三，增加销售量。奇数价格策略可以增加销售量，因为消费者更有可能选择奇数价格的产品或服务，而不是价格相对较高的整数价格。

二、促销策略

（一）促销活动的种类

促销是一种通过提供折扣、奖励、礼品或其他激励来刺激销售的活动。促销也需要一定的策略，以下是一些常见的促销策略：

1. 折扣促销

折扣促销是一种常见的促销活动类型，它通过降低产品或服务的价格来吸引消费者购买。该促销方式在各行各业得到广泛应用，包括零售、餐饮、旅游等。折扣促销包括以下几种类型：

第一，季节性折扣。这种促销与特定季节或假期相关联，如圣诞节折扣、夏季清仓折扣等。消费者通常期望在特定时间购买特定商品以获取更低的价格。

第二，特价优惠。企业可能定期或不定期提供某些产品或服务的特价优惠。这种促销通常与清仓、新产品推出或促销活动有关。

第三，批发折扣。针对批量购买的客户，企业通常提供批发折扣。这种折扣可以吸引批发商或大宗购买者。

2. 赠品促销

赠品促销是一种激励消费者购买的策略，它通过提供额外的产品或礼品作为购买某种产品或服务的奖励来刺激销售。该促销方式可以采用以下方式：

第一，附加产品赠送。消费者购买某一产品或服务时，企业会附赠其他相关产品。例如，购买一台电视时，可以附赠一个蓝光播放器。

第二，礼品卡。消费者购买产品或服务后，可以获得礼品卡，可在以后的购物中使用。

第三，赠品包。消费者购买一组产品时，企业可能提供一个包含多个产品的赠品包，以增加购买的吸引力。

3. 积分和奖励计划

积分和奖励计划是一种鼓励客户多次购买的促销策略。该计划通常包括以下元素：

第一，积分积累。消费者每次购买产品或服务时都可以获得积分，积分的数量通常与购买金额相关。

第二，奖励提供。消费者使用积分兑换奖励，这些奖励可以是产品、礼品卡、折扣或其他特殊待遇。

4. 捆绑销售

捆绑销售是一种将多个相关产品或服务捆绑在一起，以更低的总价格销售的促销策略。该方式有助于增加交叉销售和附加销售，提高了每个交易的价值。

例如，一家电子产品零售商可以将一台电视、音响系统和蓝光播放器捆绑在一起，以更低的总价销售，吸引顾客购买整套产品。这不仅提高了销售额，还增加了客户满意度，因为他们可以一次购买所有必需品。

5. 限时促销

限时促销是一种在特定时间段内提供折扣或优惠的促销策略，旨在创建购买紧迫感。该促销方式可以采用以下方式：

第一，限时折扣。企业可以在某个特定的日期或时间段内提供折扣，如“72小时限时折扣”。

第二，限量销售。通过宣布产品数量有限，企业可以激发消费者的购买欲望，因为消费者知道如果不立即购买，可能会错过机会。

第三，特定日期促销。在特殊日期或假期之前，企业通常会推出限时促销，如情人节促销、感恩节促销等。该策略可以利用消费者的购物需求，促使他们尽快购买。

第四，限时库存清仓。当企业需要清除过季或过期库存时，可以选择限时促销策略。通过提供大幅度的折扣，企业可以迅速出清库存。

（二）促销策略与销售渠道相关联

促销策略和销售渠道之间存在密切关联。企业需要根据其产品、目标市场和竞争环境来选择合适的促销策略和销售渠道组合。一些典型的关联如下。

第一，在线促销活动与在线销售渠道相关联。在互联网时代，企业可以通过在线促销活动来推动在线销售。例如，通过在自己的电子商务网站上提供折扣、奖励积分或赠品，企业可以吸引在线客户并促使他们购买产品或服务。这种关联有效地结合了促销活动的便利性和在线销售渠道的全球覆盖。

第二，直销与个性化客户促销相关联。直销模式通常涉及与客户建立直接联系，便于销售代表进行个性化的促销活动。例如，销售代表可以了解客户的需求和偏好，并提供定制的产品或服务建议。这种个性化促销有助于建立客户关系，提高客户满意度，并增加销售额。

第三，零售销售渠道与季节性促销活动相关联。零售商通常与季节性促销活动紧密相关，如圣诞节的特价优惠或夏季清仓折扣。这些促销活动吸引了消费者前往实体店面或在线购物，以获取季节性的折扣和特价。这种关联有助于提高零售销售渠道的流量和销售额。

第三节　客户满意度与忠诚度管理

一、客户满意度

（一）客户满意度的定义

客户满意度是一个关键的业务指标，用于衡量客户对企业提供的产品或服务的感知质量和价值程度。它反映了客户体验的质量，并对企业的长期成功和可持续增长产生深远影响。

客户满意度的定义。客户满意度是指客户对购买和使用产品或服务的整体感觉和态度，包括对产品或服务的质量、性能、价格、交付和客户支持等方面的评价。它是客户在与企业互动的全过程中积累的感受和反馈，通常以客户的意见、评分和建议来反映。

客户满意度衡量的维度通常包括产品或服务的质量、可靠性、价格公平性、交付效率、售后支持、品牌声誉等。客户满意度评估的方法可以多样化，包括定期的客户满意度调查、客户反馈和投诉处理、市场研究以及社交媒体上的客户评论和评级。

客户满意度在业务领域中的重要性。一是客户保持忠诚度。满意的客户更有可能继续购买企业的产品或服务，保持长期关系，并成为忠诚客户。忠诚客户通常对企业产生更大的价值，因为他们的客户生命周期价值更长。二是口碑传播和推荐。满意的客户倾向于向他人积极推荐企业，并在社交媒体上分享他们的正面体验。这种口碑传播有利于扩大客户基础，提高潜在客户的信任和兴趣。三是竞争优势。企业在市场上建立良好的客户满意度，可以获得竞争优势。满意的客户对竞争对手的吸引力较低，更倾向于坚守当前品牌。四是改进和创新。客户满意度反馈可以为企业提供宝贵的信息，指导产品改进和创新。客户的不满意可以成为改进的机会，提高产品或服务的质量和竞争力。五是品牌声誉。客户满意度直接影响企业的品牌声誉。一个满意的客户基础有助于企业建立积极的品牌形象，增强品牌价值。

客户满意度不只是一次性的评价，而是一个持续的过程。企业需要不断关注客户的反馈和需求，积极回应客户的关切，以保持客户满意度水平，并持续改进产品和服务以满足客户需求。客户满意度是建立强大和可持续的客户关系的基石，对企业的成功至关重要。

（二）客户满意度测量方法

1. 客户反馈调查

客户反馈调查是企业了解客户满意度和需求的关键工具。它是一种系统性的方法，通过获取客户的意见和建议来衡量他们对产品或服务的感知和满意度。

（1）客户反馈调查的类型。一是在线调查。在线调查是一种常见的客户反馈收集方法，通过网络平台或应用程序进行。企业可以设计针对特定问题或主题的在线问卷，然后通过电子邮件、社交媒体或网站链接向客户分发。在线调查具有高度的灵活性，可以随时进行，而且数据收集和分析相对容易。二是电话调查。电话调查是一种直接与客户互动的方式，通常由专业调查员通过电话与客户进行交流。该方法可以提供详细和深入的反馈，但通常需要更多的时间和资源。电话调查通常用于获取关于复杂产品或服务的反馈，以及建立个人联系。三是面对面访谈。面对面访谈是一种高度个性化的反馈收集方法，企业代表直接与客户交谈。该方法通常用于高价值产品或服务，以及需要深入了解客户需求的情况。面对面访谈可以在客户的办公室、商店或展会上进行。

（2）客户反馈调查的实施方式。一是设计问卷。无论是在线调查还是其他类型的调查，设计问卷是关键步骤。问卷包括多种问题类型，如单选题、多选题、开放式问题和评分题。问卷设计需要考虑客户的背景、产品或服务特点以及研究的目标。二是样本选择。在进行客户反馈调查时，选择适当的样本是至关重要的。样本应代表目标受众，以确保调查结果的代表性。随机抽样和分层抽样是常见的样本选择方法。三是数据收集。数据收集可以通过上文的三种方式进行。企业需要确保数据的准确性和完整性，同时保护客户的隐私和敏感信息。四是分析和解释。一旦数据收集完成，就需要进行数据分析和解释。这包括统计分析、数据可视化和关键趋势的识别。分析的目标是从反馈中提取有用的见解，以指导业务决策和改进。

客户反馈调查对于企业的重要性无法被低估。它不仅有助于企业了解客户的需求和满意度，还可以发现潜在问题和改进机会。通过积极地回应客户反馈，企业可以提高产品或服务质量以及客户满意度，加强客户关系，并在竞争激烈的市场中保持竞争优势。因此，建立和实施有效的客户反馈调查策略对于企业的成功至关重要。

2. 社交媒体监测

监测社交媒体上关于企业的评论和反馈可以提供实时的客户满意度信息。这有助于迅速回应客户的关切。

（1）社交媒体监测的方法和工具。一是关键词监测。社交媒体监测通常以关键词为基础。企业可以指定一组关键词或短语，然后使用监测工具来追踪这些关键词在社交媒体上的提及。这些关键词包括品牌名称、产品名称、竞争对手名称、行业关键词等。二是情感分析。除了追踪提及，社交媒体监测工具还可以进行情感分析，即确定评论和反馈的情感色彩。这有助于企业了解客户对其品牌或产品的情感反应，是正面、负面还是中性。

（2）社交媒体监测的优势。一是实时反馈。社交媒体监测提供实时信息，使企业能够立即回应客户的关切和问题，防止潜在的声誉损害。二是客户洞察。通过分析社交媒体上的评论和提及，企业可以深入了解客户的需求、偏好和行为。这有利于更好地定位市场和改进产品或服务。三是竞争情报。社交媒体监测还可以用于追踪竞争对手的活动和声誉。这有助于企业了解市场动态并制定反击策略。

（3）社交媒体监测是现代营销和品牌管理中不可或缺的一环。随着社交媒体的普及，消费者对品牌和产品的讨论越来越多地发生在数字空间中。因此，企业积极监测社交媒体并参与对话对于维护良好的品牌声誉和客户关系至关重要。企业应投资于适当的社交媒体监测工具和资源，以确保他们能够充分利用这一强大的工具来实现客户满意度和业务成功。

3. 客户服务反馈

客户联系客户服务部门时提供的反馈也是重要的满意度指标。客户投诉的频率和性质可以反映客户对产品或服务的满意度。

（1）客户服务反馈的重要性体现在于以下几个方面：一是识别问题并获得改进机会。客户服务反馈通常包括客户的投诉、问题和建议。这些信息有助于企业识别产品或服务中存在的问题，并使企业改进的机会。通过解决客户的问题，企业可以提高客户满意度并增强客户忠诚度。二是了解客户需求。客户服务反馈还可以提供有关客户需求和期望的见解。通过倾听客户的声音，企业可以更好地了解他们的需求，定制产品或服务，以满足客户的需求。三是快速回应问题。客户服务反馈提供了一种快速回应客户问题和疑虑的途径。及时的客户服务可以避免问题升级，有助于保护品牌声誉。

（2）客户服务反馈的类型包括：一是投诉。客户通常会提出投诉，指出产品或服务存在的问题或不满意的方面。投诉包括产品质量问题、交付延误、服务不周等。二是建议。客户可能会提出建议，以改进产品或服务。这些建议可以涉及产品功能的增强、服务的创新或定价策略的调整。三是表扬。有时客户也会提供积极的反馈，对产品或服务表示满意并表扬企业的表现。这些表扬可以鼓舞企业和员工，增强工作动力。

（3）企业应该积极回应客户服务反馈，并将其视为改进和提高客户满意度的机会。这可以通过建立专门的客户服务团队、监控反馈渠道、迅速解决问题和持续改进流程来实现。通过积极关注客户服务反馈，企业可以建立更紧密的客户关系，提高客户满意度，并在市场竞争中脱颖而出。

4. 市场研究

（1）市场研究的方法包括定性和定量研究。定性研究通常涉及深度访谈、焦点小组讨论和内容分析，旨在了解客户的观点和态度。定量研究则涉及大规模的数据收集和统计分析，以获取更广泛的市场洞察力。

（2）市场研究还可以分为初级研究和次级研究。初级研究是指企业自己进行的原始数据收集，如调查和访谈。次级研究则是利用已有的数据和文献进行分析，以获取市场信息。两者相结合可以提供更全面的市场洞察力。

（3）市场研究是一个持续的过程，随着市场和竞争环境的变化，企业需要定期更新和调整其市场研究策略。通过不断追踪市场变化，企业可以更好地适应新的市场机会和挑战，提高客户满意度，并保持持续的增长和竞争优势。

二、客户忠诚度计划

（一）客户忠诚度的定义

客户忠诚度的基本概念。客户忠诚度是商业领域中一个关键的指标，它用于衡量客户对企业提供的产品或服务的感知质量和价值的程度。忠诚度的测量是为了了解客户体验，评估企业的绩效，并提供反馈以改进产品或服务。客户忠诚度可以看作客户与企业之间关系的一种度量，它不仅反映客户的感觉，还能影响客户的行为。

客户忠诚度的重要性。客户忠诚度在现代商业中占有极其重要的地位，这主要体现在以下几个方面：一是忠诚度和口碑传播。忠诚客户会重复购买产品或使用服务，并主动向他人推荐。口碑传播可以在社交媒体和口头传播中发挥作用，进一步吸引新客户。二是客户保持。忠诚的客户更有可能保持长期关系。他们不会频繁更换供应商，从而稳定了企业的客户基础。三是降低成本。保持现有客户的满意度比吸引新客户更经济高效。忠诚的客户不需要大量的市场营销和促销活动来留住他们。四是反馈和改进。客户忠诚度调查和反馈提供了宝贵的信息，有助于企业了解客户需求和痛点。这些数据可用于改进产品、服务和流程，提高客户体验。

（二）客户忠诚度计划的实施

1. 个性化服务

个性化服务在现代商业中扮演着至关重要的角色。它不仅可以提高客户的满意度，还有助于建立长期的客户忠诚度，促使客户回购，并为其他人推荐品牌。个性化服务是通过深入了解客户的需求、偏好和行为来实现的，其关键在于数据分析和数据挖掘。

个性化服务的重要性：一是提高客户满意度。个性化服务可以满足客户的个体需求，使他们感到差异化和受到重视。这种定制化的体验通常会产生积极的情感反应，增强客户满意度。二是提高客户忠诚度。客户往往更倾向于与那些了解他们并满足其需求的品牌建立忠诚关系。个性化服务可以加强品牌与客户之间的联系,促使客户更倾向于回购。三是增加销售和收入。通过了解客户的购买历史、喜好和购物行为，企业可以精确地推荐相关的产品或服务，从而提高销售额和收入。四是降低客户流失率。个性化服务有助于企业识别和解决客户可能面临的问题，减少客户流失率。对于问题客户，个性化的解决方案可以挽留他们并保持他们的忠诚度。

实现个性化服务的方法。一是数据收集。首要任务是收集客户数据，包括购买历史、偏好、位置信息和在线行为。这些数据可以来自多个渠道，包括网站、移动应用程序、社交媒体和客户反馈。二是数据分析。通过使用数据分析工具和技术，企业可以识别客户的模式、趋势和喜好。这有助于创建客户个体画像，了解客户需求。三是个性化推荐。利用数据挖掘和机器学习算法，企业可以为客户提供个性化的产品或服务建议。这包括根据客户的购买历史和兴趣推送相关产品、定制价格和赠送优惠券等。四是沟通和互动。通过各种渠道与客户进行个性化的沟通和互动，如电子邮件、短信、社交媒体和客户服务。这包括生日祝福、定制的推广活动和回应客户查询。五是反馈和改进。持续收集客户反馈，了解他们的满意度和需求。根据反馈，企业不断改进个性化服务，以满足客户的需求。

个性化服务不仅能提高客户忠诚度和销售业绩，还能建立积极的品牌形象。通过为客户提供有价值的个性化体验，品牌可以在竞争激烈的市场中脱颖而出，并树立良好的口碑。因此，个性化服务不仅是一种营销策略，更是一个长期成功的关键因素。

2. 忠诚客户奖励计划

忠诚客户奖励计划是一种被广泛采用的市场策略，旨在促使客户保持忠诚、频繁购买并为其他人推荐品牌。该计划通常通过提供各种奖励和激励，鼓励客户继续与企业互动。

（1）奖励类型。一是积分奖励。这是最常见的奖励类型之一，客户通过每次购买赚取积分，积分可在以后的购物中兑换为折扣或奖品。积分奖励计划通常构建了客户的黏性，因为客户希望积累足够的积分以获得更多奖励。二是折扣奖励。客户在购物时获得即时折扣，这可以促使他们进行更多的购买。折扣奖励通常以百分比或固定金额的形式提供。三是礼品奖励。企业可以向客户提供礼品或赠品，这包括免费产品、独家物品或定制礼品。礼品奖励计划可以提高客户的满意度和忠诚度。

（2）奖励计划的优势。一是客户忠诚度提升。奖励计划鼓励客户继续购买，因为他们希望获得积分、折扣或礼品。这有助于提高客户忠诚度，降低客户流失率。二是增加销售额。客户为了赚取奖励通常会增加其购买频率和订单价值，这将直接增加企业的销售额。三是口碑传播。满意的客户更有可能成为品牌的忠实支持者，通过口口相传来吸引新客户。奖励计划可以激发客户积极地将品牌推荐给他们的朋友和家人。

（3）奖励计划的设计和管理需要精心策划，以确保其有效性和可持续性。这包括确定奖励类型、积分规则、奖励等级和客户参与方式。同时，定期的数据分析和客户反馈收集也是奖励计划成功的关键因素，以根据客户需求和反馈不断调整和改进计划。

3. 关系管理

客户关系管理（CRM）系统是一种关键性的业务工具，旨在帮助企业有效地管理和维护与其客户之间的关系。CRM 系统不仅是一门技术，更是一种战略方法，通过整合信息、自动化过程和改进客户互动方式来实现客户关系的持续增强。

（1）CRM 系统的重要性。一是客户理解和分析。CRM 系统使企业能够更好地了解客户，包括其需求、偏好和行为。通过分析客户数据，企业可以洞察客户的需求并做出明智决策。二是提高客户满意度。通过 CRM 系统，企业可以更好地响应客户的问题和需求，提供更个性化的支持和服务，从而增强客户满意度。三是客户保持。CRM 系统有利于提高客户忠诚度，通过定期与客户互动、提供有价值的信息和优惠来吸引客户继续购买。四是销售增长。CRM 系统可以优化销售流程，识别潜在销售机会，并提供销售团队所需的工具和信息，以提高销售效率和业务增长。

（2）CRM 系统的功能。一是客户数据管理。CRM 系统集中管理客户数据，包括联系信息、购买历史、互动记录等，使企业能够全面了解客户。二是销售管道管理。CRM 系统可跟踪销售机会的进展，协助销售团队更好地管理销售流程，提高销售效率。三是客户支持。CRM 系统允许企业跟踪客户支持请求、问题和解决方案，确保客户得到及时的支持。四是客户互动管理。CRM 系统记录客户与企业的互动，包括电话、电子邮件、社交媒体等，以提供更个性化的客户体验。

（3）企业要想 CRM 系统成功实施，需要仔细规划和培训员工，确保他们充分了解和应用系统。此外，数据隐私和安全也是重要考虑因素，企业需要采取适当的措施来保护客户数据。CRM 系统不仅是一项技术投资,还是一项战略性举措，当它被正确实施和管理时，可以在客户关系管理和业务增长方面产生显著回报。

4. 定期沟通

与客户保持定期沟通是建立和维护强大客户关系的重要组成部分。这种沟通可以采用多种形式，包括电子邮件通信、社交媒体更新和定期电话联系。

（1）定期沟通的重要性。一是建立信任和忠诚度。定期与客户沟通可以建立信任，并表明企业关心他们的需求。这有助于增强客户的忠诚度，使他们更有可能继续购买企业的产品或服务。二是保持客户参与。通过定期提供有用的信息、更新和促销，企业可以保持客户的参与。这有助于客户保持对企业的品牌和业务的兴趣。三是解决问题和回应反馈。定期沟通的渠道使客户能够提出问题、提供反馈,并寻求支持。企业可以及时回应并解决这些问题,提高客户满意度和忠诚度。

（2）各种沟通方式的优势和使用情况。一是电子邮件通信。电子邮件是一种常用的沟通方式,可用于发送新闻通讯、促销信息和产品更新。它可以被定期发送，但要确保内容有价值，避免被归类为垃圾邮件。二是社交媒体更新。社交媒体平台提供了与客户互动的机会。发布更新、分享有趣的内容和回应客户评论是维护社交媒体存在感的关键。三是定期电话联系。电话是一种直接的沟通方式，可用于与客户建立更亲密的联系。定期电话联系包括询问客户的意见、提供支持和回应问题。

（3）企业要成功地进行定期沟通，需要制订一个明确的沟通计划，并确保与客户的互动是一致和有价值的。同时，客户的反馈和回应也应该得到重视，并及时采取行动。维护忠诚度是一个长期过程，而定期沟通是实现这一目标的重要工具之一，可以促进客户满意度、提高品牌认可度并推动业务增长。

5. 客户教育

通过教育客户关于产品或服务的最佳实践和附加价值，企业可以提高客户的满意度，以及他们对品牌的忠诚度。

（1）客户教育的重要性。一是提高产品使用效率。通过教育客户如何正确使用产品或服务，可以确保他们充分利用其功能，提高效率，减少问题和投诉。这有助于提高客户满意度及其忠诚度。二是增加客户价值。客户教育可以向客户展示如何充分利用产品或服务的各种功能，从而提供更多价值。这包括提供附加功能、定制选项或升级路径，使客户感到满足。三是减少客户流失。当客户对产品或服务感到不满意或不理解时，他们更有可能流失。通过教育客户，可以降低客户流失率，维护现有客户，并增加品牌的长期价值。

（2）实施客户教育的方法。一是提供详细的文档和指南。为产品或服务提供详细的用户手册、操作指南和常见问题解答（FAQ），以便客户可以随时查阅。二是在线培训和教育资源。创建在线培训课程、视频教程和知识库，以便客户可以自主学习和获取信息。三是个性化支持。提供个性化的客户支持，根据客户的需求和问题，为他们提供定制的教育和培训。四是，定期更新和通知。保持客户与产品或服务的最新信息同步，定期发送更新和通知，包括新功能、修复和改进。

（3）客户教育不只是提供信息，还包括建立开放的沟通渠道，鼓励客户提出问题和反馈。这有助于企业更好地了解客户需求，并根据他们的反馈不断改进产品或服务。通过积极的客户教育，企业可以建立更加忠诚和满意的客户基础，提高品牌的声誉和竞争力。

第六章　现代企业运营管理与供应链管理

第一节　生产与质量管理

一、生产计划与排程

生产计划与排程是现代企业生产管理中的重要环节。它们确保企业以最有效的方式生产产品或提供服务，以满足客户需求并提高生产效率。生产计划包括制定生产目标、制订生产计划、分配资源和规划生产流程的过程。排程则是安排生产活动的顺序和时间，以最大限度地减少闲置和等待时间，从而提高生产效率。

（一）生产计划

1. 生产计划的主要指标

生产计划是现代企业管理中的关键环节，它涵盖了多个方面，以确保生产活动按计划进行，从而满足客户需求并提高生产效率。

第一，企业制定生产目标时，首要考虑的是生产的数量。确定生产数量是根据市场需求、销售预测以及可用资源来制定的。这个目标通常以具体的数字表示，以确保企业明确自己需要生产多少产品以满足市场需求。这个数字应该基于市场研究和分析，以避免过产或不足产的情况发生。

第二，生产的质量标准是另一个重要目标。产品质量对于客户满意度和品牌声誉至关重要。因此，企业需要定义产品的质量标准，并确保生产过程中的每个步骤都符合这些标准。这包括原材料的选择、生产工艺、质量控制和最终产品的检验。制定明确的质量目标不仅是为了满足法规要求，更是为了在市场竞争中脱颖而出。

第三，控制生产成本也是制定生产目标的重要方面。成本控制直接影响企业的盈利能力。因此，企业需要确定在生产过程中可以降低成本的方法，同时保持产品质量。这涉及供应链优化、生产效率提高、劳动力管理等方面的目标制定。

通过明确控制成本的目标，企业可以对生产成本进行良好控制。

第四，按时交付产品也是制定生产目标的重要组成部分。及时交付产品对于客户关系的维护至关重要。企业需要确保其生产计划能够按照承诺的交货日期完成，并且灵活应对潜在的生产延迟或问题。制订按时交付目标涉及供应链管理、生产调度和风险管理等方面的计划。

2.制订生产计划

一旦目标明确，企业需要制订详细的生产计划，以确定如何实现这些目标。生产计划涵盖了多个方面，包括制定生产时间表、资源分配、生产流程规划以及所需的原材料和零部件的采购计划。生产计划的制订需要考虑各种因素，如市场需求、资源可用性、产能和生产设备的状态。

（1）制订生产计划的第一步是制定生产时间表。这个时间表需要根据市场需求、交付承诺和生产资源的可用性来确定。一是企业需要考虑市场需求的季节性和周期性变化，以确保在高峰期满足需求，同时避免在淡季期间过度生产。二是企业必须考虑生产资源的可用性，包括劳动力、设备和原材料。制定一个合理的时间表需要综合考虑这些因素，以确保生产过程的平稳运行。

（2）资源分配是生产计划的重要组成部分。这包括人力资源、设备、原材料和资金。企业需要确保在生产过程中有足够的资源可供使用。资源分配还需要平衡不同部门和团队之间的需求，以确保整个生产过程的协调和顺利进行。第一，人力资源分配。一是合适的技能匹配。资源分配需要确保分配给生产任务的员工具备必要的技能和培训，以完成工作。二是工时和排班。生产计划必须合理分配员工的工时和排班，以满足生产需求，同时避免过度劳累。第二，设备资源分配。一是设备可用性。资源分配需要考虑生产设备的可用性，确保设备在需要时处于良好的运行状态。二是维护和保养。生产计划必须包括设备维护和保养的时间，以确保设备的长期性能。第三，原材料和物流。一是原材料库存。资源分配需要管理原材料库存,确保有足够的原材料可供使用,避免生产中断。二是供应链协调。与供应商的协调也是资源分配的一部分，以确保原材料及时交付。第四，资金分配。一是预算分配。资源分配需要考虑生产活动的预算，以确保在财务可行性范围内操作。二是资本支出。如果需要购买新设备或进行扩建，资金分配必须考虑这些资本支出。第五，交叉部门协调。一是销售和生产协调。资源分配需要协调销售和生产部门，以确保生产计划与市场需求相一致。二是研发和生产协调。如果有新产品或工艺的开发，资源分配需要协调研发和生产部门，以确保平稳过渡。

（3）生产流程规划是制订生产计划的另一个重要方面。一是企业需要详细规划生产流程，确定每个生产步骤的顺序和时间要求。二是生产流程规划还包括工作站的布局设计，以减少生产过程中的等待和运输时间。三是企业必须考虑质量控制和产品检验环节，以确保最终产品符合质量标准。通过精心规划生产流程，企业可以提高生产效率、缩短生产周期并减少浪费。

（4）采购计划是制订生产计划不可或缺的一部分。一是企业需要确定所需的原材料和零部件清单，并建立供应商关系。二是采购计划需要考虑供应商的交货时间、价格和质量。三是企业必须建立库存管理策略，以确保原材料和零部件的及时供应，同时最小化库存成本。通过有效的采购计划，企业可以确保生产过程不会因原材料短缺而中断，并且可以在市场需求增加时迅速响应。

（二）生产排程

生产排程是生产计划的延伸，它确定了生产活动的具体时间和顺序，以最大限度地提高生产效率。

1. 安排生产活动

生产排程的首要任务是确定生产活动的安排顺序。这通常基于多个因素，包括订单的优先级、可用资源、设备的状况和生产时间表。通过合理的排程，企业可以确保高优先级的订单得到及时处理，而不会因资源不足而延误。

2. 减少闲置和等待时间

排程的一个重要目标是减少闲置和等待时间。闲置和等待时间会浪费资源并增加生产成本。通过有效的排程，可以确保生产资源在没有生产活动时不会处于闲置状态，从而最大限度地减少资源浪费。

3. 资源平衡

排程需要维持资源的平衡，以确保每个资源都得到充分利用。排程需要不断监控资源的可用性，并根据需要进行动态调整，避免资源的过度使用或浪费。

二、质量控制与改进

质量控制与改进是现代企业不可或缺的部分，对于满足客户需求、提高竞争力至关重要。质量控制涉及确保产品或服务符合一定的质量标准和规范，以减少缺陷和不合格品的生产。质量改进则是不断寻找和实行改进措施，以提高产品或服务的质量水平。

（一）质量控制的关键要素

1. 质量标准与规范

质量控制的首要要素是明确定义质量标准和规范。企业需要清晰地定义产品或服务的期望质量水平，并将其转化为具体的标准和规范。这包括制定产品规格、工艺流程和检测方法，以确保一致性和合规性。

第一，明确定义质量标准是质量控制的基础。企业需要确定产品或服务的关键特性和性能参数。这包括外观、尺寸、材料属性、可靠性、耐久性、性能指标等。这些特性需要与客户需求和市场预期保持一致。一旦这些特性被明确定义，就需要将它们转化为具体的标准和规范。这包括制定产品规格书、工艺流程文件以及相关的检测和测试方法。这些标准和规范必须精确、可测量和可验证，以确保一致性和合规性。

第二，质量标准和规范对于生产过程的管理至关重要。它们指导了生产流程中的每个步骤，确保产品在每个阶段都满足标准。质量标准还有助于监测和控制生产过程，以便及时发现和纠正潜在的问题。

第三，标准和规范为员工提供了明确的指导，使他们了解质量要求，从而降低了制造中的变异性。这有助于提高生产效率和降低废品率。

第四，质量标准与规范不仅对内部管理有影响，还对外部客户和监管机构产生影响。一是它们可以用来与客户协商和约定质量要求，从而建立信任关系。二是合格的产品和服务可以提高客户满意度和客户忠诚度，并有助于市场份额的增长。三是质量标准还有助于企业符合法规和行业标准，避免法律风险和罚款。

2. 质量检测与测试

建立有效的质量检测和测试程序至关重要。这些程序旨在检测产品或服务的各个方面，以确保它们符合质量标准。质量检测包括抽样检验、设备校准、实验室测试、原材料检查等。通过这些检测和测试，企业可以及时发现和纠正质量问题。

第一，抽样检验是一种常见的质量检测方法。企业可以采用统计方法，从生产批次中随机选择一部分产品或服务进行检验。这有助于识别批次中的不合格产品，并评估整体质量水平。抽样检验可以根据质量标准制订详细的检验计划和程序。这包括确定样本数量、检验方法、接受标准和拒绝标准。抽样检验的结果可以用于决定是否接受整个批次或采取纠正措施。

第二，设备校准是确保测试和测量设备准确性的关键步骤。企业需要定期检查和校准使用的仪器和设备，以确保它们的测量结果是可靠的。校准程序包括与已知标准进行比较，以检测和纠正任何偏差。这有利于避免测量误差对产品质量的不利影响。校准记录的维护是质量检测和测试程序的一部分，以跟踪设备的性能并证明合规性。

第三，实验室测试是许多行业中质量检测的关键组成部分。实验室测试通常涉及对产品或原材料的化学、物理、机械或电子性能的分析。这些测试需要严格控制和标准化的实验室条件，以确保测试结果的准确性和可重复性。实验室测试通常需要经验丰富的技术人员进行操作，并遵循特定的测试方法和标准。这有利于确保产品符合规定的质量要求。

第四，原材料检查也是质量检测的重要环节。企业需要在原材料进入生产过程之前对其进行详细检查和测试。这包括检查原材料的外观、尺寸、化学成分、纯度等特性。原材料检查有助于企业避免使用不合格或次品原材料，从而降低不合格品的产生率。供应商评估也是原材料检查的一部分，以确保供应商符合质量标准和可靠性要求。

3. 过程控制

过程控制是确保生产或服务过程中质量一致性的关键要素。它涉及管理和监控生产过程，以减少变异性和缺陷的产生。企业可以采用各种质量管理方法，如六西格玛（6σ）、质量圈（QCC）等，来改进过程、提高效率并减少质量问题的发生。

（二）质量改进的关键要素

1. 数据分析

企业需要收集并分析与产品或服务质量相关的数据，包括生产过程中的关键绩效指标、客户反馈、供应商质量数据等。数据分析有助于发现潜在问题、趋势和机会。

第一，关键绩效指标（KPIs）是质量管理的核心。企业需要明确定义适用于其行业和产品的关键绩效指标，如产品不良率、交货准时率、客户满意度指数等。通过持续监测和测量这些 KPIs，企业可以了解其绩效水平并识别任何异常或变化。这有利于及时采取纠正措施，确保质量标准得到满足。

第二，客户反馈数据是质量管理中的宝贵资产。企业应积极收集客户反馈，包括投诉、建议和意见。通过分析客户反馈数据，企业可以识别产品或服务的问题，并根据客户的需求进行改进。客户满意度调查和定期反馈机制有助于企业了解客户的需求，并持续提高产品或服务的质量。

第三，供应商质量数据也是关键的数据来源。企业需要监测和评估供应商的性能，包括原材料的质量、交货准时性和合作关系。分析供应商质量数据有助于企业识别潜在的供应链问题，并采取措施减小风险。建立供应商绩效指标和合作协议有助于确保供应链的稳定性和可靠性。

第四，生产过程数据也是质量管理的重要组成部分。企业应该实施数据采集系统，以收集关键生产过程参数的实时数据。通过监测和分析生产过程数据，企业可以追踪产品质量问题的根本原因，并采取改进措施。统计过程控制（SPC）和六西格玛方法有助于企业更好地管理和改进生产过程。

第五，数据分析还有助于企业识别质量管理的机会。通过数据挖掘和高级分析技术，企业可以发现隐藏在大量数据中的模式和趋势。这些分析结果可以用来预测未来的问题，并采取预防性措施。数据分析也可用于市场研究，了解客户需求的变化和竞争情况，从而指导产品开发和市场战略。

2. 根本原因分析

根本原因分析通常需要团队协作。团队成员来自不同的部门和领域，可以提供多个视角和专业知识，有助于企业更全面地识别根本原因。有效的根本原因分析需要收集和分析数据，包括生产记录、客户反馈和供应商信息。这些数据可以用来支持分析和验证根本原因。一旦根本原因被确定，团队需要制定和采取纠正措施，并建立监测和改进机制，以确保问题不再发生。

根本原因分析的目标是持续改进。企业应将根本原因分析纳入其质量管理体系，使其成为常规实践。企业应该建立学习型组织文化，鼓励员工主动报告问题，共享根本原因分析的经验。监测和度量改进的效果是根本原因分析的关键，以确保问题的解决方案是有效的。企业应将根本原因分析与预防性措施相结合，以预防问题的发生，而不仅是应对问题。根本原因分析的方法如下：

（1）因果图，也称为鱼骨图或石川图，是一种常用于根本原因分析的工具。因果图帮助团队可视化问题，并将其分解为不同的因素，通常包括人员、流程、设备、材料、环境和管理。这些因素被绘制为鱼骨图的骨架，将问题放在图的头部，然后在每个因素下继续细分，以识别可能的根本原因。团队通过讨论和分析，尝试找出问题的根本原因，并为每个原因制定解决方案。

（2）5W1H 分析法是另一种常用于根本原因分析的工具。该方法涉及提出一系列问题，包括谁、什么、为什么、何时、何地和如何。通过回答这些问题，可以逐步深入问题的核心，并找出根本原因。通过询问“为什么会发生这个问题？”多次重复，可以层层深入，直到找到最根本原因。

3. 改进计划

基于数据分析和根本原因分析的结果，企业可以制订质量改进计划。改进计划需要明确改进的目标、具体的实施步骤、责任人和时间表。这确保了改进活动有系统地进行，并能够跟踪进展。

明确改进目标是质量改进计划的重要步骤。企业需要根据根本原因分析的结果和数据分析的见解，明确定义改进的目标和期望的结果。这些目标应该是具体的、可测量的、可达到的，以便能够衡量改进的效果。改进目标通常包括提高产品或服务质量、降低废品率、提高生产效率、提高客户满意度等。

制定实施步骤是质量改进计划的关键组成部分。企业明确列出实施改进计划所需的具体步骤和措施。这包括流程调整、设备升级、培训计划、供应链改进等。每个步骤应该有明确的责任人，以确保计划得以有效执行。制定时间表和里程碑是追踪进展和确保按计划进行的关键。这有利于确保改进计划按时完成，并及时纠正偏离轨道的情况。

改进计划需要综合考虑资源和预算。企业需要确定实施改进计划所需的资源，包括人力、资金、设备和技术。必须为改进计划分配适当的预算，并确保资金可用于支持计划的执行。资源和预算的分配应根据改进的优先级和重要性进行优化，最大限度地提高质量和效率。

监测和测量是改进计划的关键环节。企业需要建立监测和度量体系，以跟踪改进计划的进展和效果。这包括制定关键绩效指标（KPIs）和收集相关数据。定期审查和评估改进计划的执行和效果，识别任何偏差并采取纠正措施。最后，持续地监测和测量有助于企业调整计划，以应对变化的情况，并确保改进持续进行。

改进计划应与持续改进的文化相结合。企业应将改进计划纳入其质量管理体系，并鼓励员工参与改进活动。改进应该是一个不断循环的过程，涉及识别问题、分析原因、制订改进计划、实施措施、监测效果和不断改进的阶段。分享和传播改进的经验和最佳实践有助于在整个组织中建立学习型文化，促进质量和效率的不断提高。

第二节　成本管理与生产效率提升

在现代企业运营中，成本管理和控制是重要战略要素之一。有效的成本管理方法有利于提高企业的竞争力，降低风险，并提升盈利能力。

一、成本管理的基本原则

（一）成本分析与核算

企业应建立有效的成本核算体系，以监控不同部门和项目的成本。这包括直接成本和间接成本的区分，以及将成本分配到不同的成本中心。

1. 直接成本与间接成本的区分

（1）直接成本。直接成本是与生产或提供特定产品或服务直接相关的成本。这些成本可以直接追溯到特定产品、项目或生产批次。例如，原材料成本、直接劳动力成本和直接制造成本都属于直接成本。

（2）间接成本。间接成本是不直接与特定产品或服务相关联的成本。它们是企业整体运营的一部分，通常需要分摊到多个产品或项目上。间接成本包括管理人员工资、设备折旧、办公室租金和设施维护成本。

2. 成本核算方法

（1）作业成本法。该方法通常用于生产具有不同特性的定制产品。每个产品或项目都分配一个独特的成本账户，以追踪与该产品相关的直接成本和间接成本。

（2）过程成本法。该方法适用于生产大量相似的产品，通常在连续流程中进行。成本被分配到生产流程或部门，然后平均分配到单位产品上。

3. 成本分配与分配基准

（1）成本分配。成本分配是将间接成本分配到不同的成本中心或部门的过程。这通常涉及使用成本分配基准，如劳动力小时数、生产单位或设备使用时间，来分配这些成本。

（2）分配基础。选择适当的分配基准对成本分配至关重要。基准应与实际成本分配相关，以确保成本在各部门或项目之间分配得合理且准确。

4. 预算与实际成本比较

企业应该制订详细的预算计划，包括直接成本和间接成本的估算。这有利于设定成本控制目标，并为日常管理提供参考。定期比较实际成本与预算成本，以识别成本偏差和问题领域。这有利于及时采取纠正措施，以确保成本不超出控制范围。

5. 成本控制策略与优化

制定成本控制策略，包括降低不必要的开支、提高资源利用效率和寻找成本降低的机会。这可以通过节省成本的计划和措施来实现。实施持续改进的文化，鼓励员工提出降低成本的想法，并将有效的成本降低实践纳入日常运营中。

（二）生产成本优化策略

生产成本的优化对企业的盈利能力至关重要。因此，要重视原材料的采购与管理，其要点如下：

（1）供应商谈判。与供应商进行积极的谈判，争取更有竞争力的原材料价格和条款。建立长期战略合作伙伴关系有利于获得更多采购优势。

第一，谈判策略与准备。在进行供应商谈判之前，企业应明确谈判的具体目标。这包括降低原材料成本、承诺交货时间、改进支付条款或提高供应商的灵活性。企业还应积极收集供应商和市场的信息。了解供应商的历史、信誉、财务状况以及竞争对手的价格和条件，有利于制定更有利的谈判策略。

第二，有效的谈判技巧。建立与供应商之间的信任关系是谈判的关键。通过公平、透明和诚实的沟通，建立长期的信任合作伙伴关系。在谈判中，明确表达企业的要求和期望。这包括价格、质量标准、交货时间、付款条件等方面的具体要求。谈判时保持一定的灵活性，考虑供应商的需求和限制。寻找双赢的解决方案，确保谈判的成功。

第三，长期战略合作伙伴关系。建立长期的战略合作伙伴关系有助于企业获得更多的采购优势。这种包括供应商的技术支持、研发合作、共享风险以及定期的业务审查。与供应商建立透明的供应链关系，允许双方共享信息，更好地预测需求和风险，减少不确定性。第四，谈判后的合同管理。将谈判达成的协议书面化，确保双方都清楚了解合同条款。这有利于防止后续的误解和争议。持续监督供应商的履约情况，确保他们按照合同的要求交付产品或服务，及时处理任何问题或违规行为。

（2）原材料替代。考虑替代的原材料选项，以降低成本。但要确保替代材料不会影响产品质量或性能。

第一，替代材料的选择。首先，进行成本分析，以确定潜在的替代材料是否可以降低成本。这包括比较不同材料的价格、可用性和运输成本。其次，评估潜在的替代材料的质量和性能。确保替代材料在产品的重要方面不会产生负面影响，如强度、耐久性、可维修性等。

第二，产品测试与验证。一是在正式采用替代材料之前，进行样本测试和验证。这包括制造原型产品，以检查替代材料是否满足产品要求。二是对替代材料的性能进行全面评估，包括实验室测试和实际应用测试。确保替代材料在各种条件下都能保持稳定的性能。

第三，成本效益分析。一是进行综合成本效益分析，考虑成本降低与潜在的质量提高之间的权衡。确定替代材料是否能够在长期内为企业节省更多成本。二是评估潜在风险，包括供应风险、质量风险和市场风险。考虑这些风险对业务的影响，并制定风险应对策略。

第四，持续监测与改进。一是持续监测替代材料的性能和成本效益，并定期进行审查。随着时间的推移，可能需要调整采购策略。二是关注市场趋势和新替代材料的出现。不断寻找更具成本效益的材料选项，以保持竞争力。

二、生产效率提升

生产效率的提升可以通过优化生产流程来实现，其具体方式如下。

1. 精益生产

精益生产是一种管理方法，旨在通过消除浪费、缩短生产周期以及提高生产效率来降低生产成本。该方法在制造业和服务业都有广泛的应用，有助于企业实现成本效益并提高竞争力，其具体优点有以下三方面。

（1）消除浪费。精益生产强调识别和消除生产过程中的各种浪费，如不必要的运输、等待、库存、生产瑕疵等。通过优化流程，降低浪费，可以减少不必要的成本。使用价值流图来可视化生产过程，并识别浪费的来源和位置，这有利于确定改进的重点和机会。

（2）缩短生产周期。使用精益制造工具如单分钟交换模具（SMED）、连续流生产、小批量生产等来缩短生产周期。缩短生产周期有利于减少库存和提高客户响应速度。精益生产使企业能够更快速地适应市场需求的变化，从而减小过度生产和库存积压的风险。

（3）提高生产效率。制定标准操作程序（SOP）和工作指导书，以确保生产过程的一致性和效率。员工培训和认证也是提高效率的关键。精益生产的理念包括持续改进，即不断寻求提高生产效率和质量的机会。通过员工的参与和建议，实现持续改进的文化。

2. 定制生产

定制生产是一种生产模式，侧重于根据客户需求制定个性化产品，以最大限度地减少库存和废品。采用柔性制造技术是实现定制生产的关键，它有助于企业迅速切换生产线，提高适应性，定制生产有以下两种类型。

（1）客户导向的生产。

第一，个性化需求。定制生产的核心理念在于满足每个客户的独特需求。这意味着生产过程必须具备足够的灵活性，以适应各种不同的规格和要求。每个订单都被视为独特的项目，而不是标准化的大规模生产。这种个性化的方法使企业能够更好地满足客户的特定需求，从而提高客户满意度。

第二，批量大小。定制生产通常需要较小的生产批量。相对于大规模生产，这具有多重优势。首先，较小的批量意味着降低了库存水平，因为产品通常是根据实际订单制造的，而不是提前生产并存储。这降低了库存管理的复杂性和成本，因为没有大量积压的库存需要监控和维护。其次，较小的生产批量减小了废品的风险。在大规模生产中，如果产品出现质量问题，那么会导致大量产品被废弃。而在定制生产中，如果出现问题，只会影响较小数量的产品，因此废品成本较低。最后，较小的批量使企业能够更精确地满足实际需求，避免过多的产品积压和滞销。

（2）柔性制造技术。

第一，自动化与机器人。自动化系统和机器人的广泛应用对于实现柔性制造至关重要。这些技术的使用可以带来多种好处。首先，自动化设备可以高效地完成重复性任务，从而减小人力需求，降低生产成本。其次，自动化系统可以实现生产线的快速切换，无须大规模的设备更改。这意味着在不同产品之间迅速切换任务变得容易，从而适应不同的客户需求。例如，通过简单的程序更改，机器人可以从制造汽车零部件转换为制造家电零件，而无须长时间地停机和进行设备调整。这种灵活性对于定制生产至关重要，因为它允许企业根据客户的需求迅速调整生产线，而不会浪费时间和资源。

第二，3D 打印技术。3D 打印技术是柔性制造的重要工具之一。它革命性地改变了传统制造的方式。通过 3D 打印，企业可以按需制造个性化零部件和产品，而无须制造传统的模具和工具。这具有多方面优势。首先，它减少了工具准备的时间和成本，因为不再需要定制的工具。其次，3D 打印技术减少了废品和物料浪费，因为只有需要的材料被用于打印，而不会产生多余的废料。

第三，3D 打印技术使得设计变更更容易，因为只需调整数字设计文件即可。这为企业提供了更大的灵活性，可以在短时间内响应客户的个性化需求。

第三节　供应链优化与物流管理

一、供应链设计与整合

供应链设计与整合是现代企业供应链优化与物流管理中的关键环节。包括供应链网络的规划、组织和整合，以确保供应链的高效运作和协调。

（一）供应链网络设计

供应链网络设计涉及确定供应链的物理结构和组织。以下是一些关键考虑因素:

1. 位置策略

企业必须决定生产设施、仓库和分销中心的位置。这通常根据成本、响应时间和市场需求来决定。例如，将生产设施靠近原材料供应商可以降低原材料运输成本。

2. 运输和配送策略

运输是供应链中的一个显著成本因素。企业需要考虑最佳运输方式，如陆运、海运、空运或铁路，以及最优的路线规划。

3. 库存策略

库存在供应链中起到平衡供需的作用。企业需要确定适当的库存水平，以满足客户需求，同时避免过多的库存，从而减少库存成本。

4. 合作伙伴选择

供应链网络还包括与供应商、合作伙伴和分销商的关系。选择可信赖的合作伙伴对于供应链的成功至关重要。

（二）供应链整合

供应链整合是确保供应链各环节紧密协调的关键。这包括信息流和物流的无缝整合，以确保生产、库存、运输和分销等活动之间的协调性。

1. 信息流整合

供应链需要实时的信息流，以便及时响应市场需求。信息技术如 ERP（企业资源计划）系统和 SCM（供应链管理）软件有助于整合供应链信息。

2. 物流协同

各个供应链环节必须协同合作，以确保产品的顺利流动。这包括制订协同计划、协商交付时间和有效沟通。

3. 需求管理

整合的供应链需要精确的需求管理，以确保生产计划、库存控制和运输安排与市场需求相一致。

二、供应链可持续性考虑

供应链可持续性考虑是现代企业供应链管理中的新趋势。企业需要考虑社会、环境和道德因素，以确保供应链的长期可持续性。

（一）供应商可持续性

为满足供应链可持续性需要对供应商的评估和选择。企业需要考虑供应商的社会责任、环境影响和商业道德等因素。

1. 社会责任

企业需要确保其供应商在劳工权益、员工安全和工作条件方面进行良好的实践。这包括禁止童工、强迫劳动和歧视，以及确保员工享有合理的工资和福利。

（1）劳工权益。劳工权益是社会责任的核心之一。这包括：一是童工禁止。

企业必须明确禁止使用童工，并确保在其供应链中不涉及童工。这意味着企业需要实施严格的审核和监督机制，以确保供应商遵守禁止童工的法规和标准。童工的使用不仅违反道德，还会对儿童的成长和发展产生负面影响。二是强迫劳动禁止。社会责任要求企业坚决反对强迫劳动和现代奴隶制。企业必须确保在其供应链中不存在强迫劳动现象，包括迫使工人工作、不合理的工作时间和非法扣工资等行为。三是歧视禁止。企业应积极倡导工作场所的平等和多样性。歧视任何员工或供应商的行为都是不可接受的。为了创造包容的工作环境，企业需要采取措施来消除歧视，包括制定反歧视政策和提供培训。

（2）员工安全和工作条件。确保员工的安全和提供合适的工作条件也是社会责任的一部分。这包括：一是工作环境安全。企业必须提供安全的工作环境，以保护员工免受伤害，主要涵盖维护设备、提供必要的安全培训和实行预防措施，以防止事故发生。二是工资和福利。员工应该获得合理的工资和福利，以维持其生活水平。企业需要确保员工薪酬符合当地法律和国际劳工标准，并提供适当的福利，如医疗保险、假期和退休计划。三是工作时间。员工的工作时间应合理，不应违反劳工法规。企业需要确保员工的工作时间符合法律要求，不过度加班或长时间工作。

2. 环境影响

评估供应商的环境实践对减少供应链的生态足迹至关重要。供应商应采取措施来减少资源消耗、废弃物产生和有害物质排放。这包括采用清洁生产方法、能源效率措施和废物回收方案。

（1）评估供应商的环境实践。评估供应商的资源管理实践，包括水、能源和原材料的使用。供应商应该采取措施来减少过度的资源消耗，提高资源的可持续性利用率。查看供应商的废物管理政策和实践。合格的供应商应采用废物减量化、回收和再利用的方法，以减少废弃物的产生和对环境的负面影响。了解供应商在处理有害物质方面的方法。供应商应采取措施减少有害物质的排放，符合相关法规，并积极参与环保倡议。评估供应商的碳足迹，包括生产、运输和包装环节的碳排放。供应商应采取减排措施，如采用可再生能源、改进能源效率和优化运输方式。

（2）供应商采取的环保措施。供应商可以采用清洁生产方法，减少生产过程中的废物和污染物排放。这包括使用更环保的生产技术和原材料，以减小环境影响。供应商通过提高能源效率，可以减少能源消耗和碳排放。这包括升级设备以提高能源效率、实施能源管理系统以监控和减少能源浪费。供应商可以实施废物回收和再利用计划，将废物转化为资源。这有助于减少废物的排放和降低生产成本。供应商可以提供供应链透明度，向客户公开有关其环境实践的信息。这有利于建立信任，让客户了解供应链的可持续性。

3. 商业道德

企业应确保其供应商在商业交往中遵守道德原则。这包括反腐败政策、合规性和透明度，以防止不正当竞争和不道德的商业行为。

（1）合规性。企业应确保其商业活动在法律范围内进行。这包括遵守国内和国际法律，如竞争法、劳动法和知识产权法。企业需要建立合规性团队，以确保遵守法规并及时更新政策以适应法律变化。

（2）透明度。企业应确保财务报告和会计实践的透明度。这包括公开披露关键财务信息，以便股东、投资者和监管机构能够准确评估企业的财务状况。企业应提供准确和完整的信息，使客户、合作伙伴和其他相关方能够做出明智决策。这包括在广告、销售和市场活动中提供真实和清晰的信息。

（3）不正当竞争。企业应遵守公平竞争原则，不采取欺诈、虚假宣传或其他不正当手段来获得竞争优势。企业竞争应基于产品质量、创新和客户服务等因素。企业需要遵守反垄断法规，禁止操纵市场价格或垄断市场的行为。合规的商业行为有利于维护市场的竞争性和公平性。

（二）绿色供应链

在现代企业供应链中，减小对环境的影响已经成为一个关键目标。

1. 废弃物减少

企业可以采取措施来减少生产过程中产生的废弃物。这包括通过重新使用、再循环或回收废物来减少废弃物。此外，采用可降解的包装材料也可减少废弃物。

（1）废弃物管理策略。企业可以采取废物预防措施，以减少废弃物的产生。这包括改进生产流程，减少原材料浪费，降低不必要的包装和采用更有效的生产方法。通过减少废弃物产生，企业可以降低废弃物处理和处置的成本。企业还可以建立再循环和回收计划，将废弃物转化为可再利用的资源。这包括回收废旧设备、废纸张、金属和塑料等材料。通过再循环和回收，企业不仅减少了废弃物的排放，还降低了对有限自然资源的依赖。企业也可以采用可降解的包装材料有助于减小废弃物对环境的负面影响。可降解材料在遭受自然分解时不会产生有害残留物质，减小了土地填埋和污染的风险。这种材料包括可降解的塑料、纸张和纤维。此外，探索将生产副产品转化为有价值的产品或材料的机会也是选择之一。这有利于减少废弃物并创造新的商业机会。例如，将食品加工副产品转化为饲料或肥料。

（2）废弃物管理技术。企业可以使用现代技术如条形码、RFID和物联网设备来跟踪废弃物的生成和处理。这有助于企业了解废弃物流向、数量和质量，从而更好地管理废弃物。也可以在废弃物处理过程中，采用自动化和智能分拣技术可以提高废弃物分类的准确性和效率。这有利于将可回收材料分离出来，以便进一步处理和再利用。还可以探索废弃物转化技术，如生物降解、焚烧和垃圾填埋气发电。这些技术可以将废弃物转化为能源或其他有用的产品，减少对垃圾填埋的依赖。

2. 节约能源

优化供应链的能源使用是减少碳足迹的关键。企业可以通过使用能源效率设备、减少能源浪费以及采用可再生能源来降低供应链的能源消耗。

（1）能源效率设备。企业可以选择更节能的运输工具，如混合动力车辆、电动车辆或使用高效燃料的车辆。这有利于降低运输阶段的能源消耗，减少碳排放。企业可以引入自动化和智能技术可以提高仓储和生产过程的能源效率。例如，自动拣选机器、智能照明和能源管理系统可以有效地监控和控制能源使用。对于物流中心和仓库，企业可以采用节能建筑设计和技术，如良好的绝缘、太阳能光伏板和高效采暖和冷却系统，有助于降低能源消耗。

（2）减少能源浪费。企业使用智能路线规划工具和物流管理系统，以最优化的方式规划供应链活动，减少不必要的里程和能源消耗。避免交通拥堵、优化货物拣选和配送路线都可以降低能源浪费。企业通过提高供应链的可见性有利于减少不必要的运输和库存，从而降低能源消耗。通过实时监控和数据分析，企业可以提高管理供应链效率。

（3）可再生能源。企业可以选择使用可再生能源来供电仓库、生产设施和运输车辆。太阳能和风能是常见的可再生能源，它们不仅可以减少碳排放，还能降低能源成本。企业可以与能源供应商签订可再生能源合同，确保从可再生能源源头购买电力。这有利于推动可再生能源的使用，并为企业提供稳定的能源价格。

三、物流策略与仓储管理

物流策略与仓储管理是供应链优化与物流管理的重要组成部分。它包括产品运输、仓储和库存管理等。

（一）运输管理

选择合适的运输方式、承运商和路线对于降低运输成本和提高交货效率至关重要。企业需要制定有效的运输策略。

1. 选择合适的运输方式

（1）陆运。陆运是最常见的运输方式，适用于短距离和中距离的货物运输。它包括卡车、铁路和管道运输。选择合适的陆运方式取决于货物类型、距离、速度要求和成本。

（2）海运。海运是用于国际贸易的重要方式，特别适用于大宗货物和长距离运输。企业需要考虑运输时间、货物包装和港口费用等因素。

（3）空运。空运速度快，适用于对交付时间敏感的货物。然而，空运成本通常较高，因此适用于高价值货物或紧急交付的情况。

（4）多式联运。多式联运结合了不同运输方式，以降低成本并提高效率。该方式通常需要更复杂的协调和物流管理。

2. 选择合适的承运商

（1）承运商评估与选择。企业需要评估潜在的承运商，包括他们的声誉、运输能力、保险和运输服务质量。合同和服务协议也需要仔细制订。

（2）承运商谈判。有效的成本管理是确保运输效率的关键。企业需要与承运商谈判运输费用，并监控运输成本以避免不必要的支出。

3. 选择合适的运输路线

（1）路线规划。企业需要确定最佳的运输路线，考虑交通、地形、天气和政治因素。使用物流软件可以帮助规划最有效的路线。

（2）节能和环保考虑。运输路线也应考虑环保因素。选择较短的路线、减少空运以及优化装载可以减少碳足迹。

（二）仓储管理

仓储管理是供应链中至关重要的环节，对产品的交付速度、库存成本以及客户满意度产生直接影响。它不仅关系到产品的储存和保护，还涉及订单处理、库存控制、仓库设计和物流协调等多个方面。

1. 仓库设计

仓库位置是仓库设计的首要考虑因素之一。选择合适的仓库位置需要综合考虑多个因素，包括供应链的需求、货物流向、客户和供应商的位置。通常情况下，靠近供应商和市场的仓库可以降低运输成本和缩短交货时间，因为它们减少了货物在运输中的距离。此外，地理和气候因素也很重要，例如，在恶劣天气下，靠近主要交通路线的仓库更有利于物流运作。

仓库布局对于仓库的操作效率至关重要。合理的仓库布局可以最大限度地减少货物的移动和处理时间，从而提高货物周转率。这包括货物存储方式、货架设计、拣选区域、包装区域等方面的规划。例如，将高周转率的商品放置在易于访问的位置，而将低周转率的商品储存在不易访问的区域，以减少不必要的拣选和移动。货物的逻辑布局应该与仓库的工作流程和订单处理流程相一致，以确保高效的仓库运作。

仓库技术在现代仓储管理中扮演着越来越重要的角色。随着技术的不断进步，使用仓库管理系统（WMS）和自动化设备可以显著提高仓库的效率和准确性。WMS 可以实现货物跟踪、库存管理、订单处理和预测需求等功能，使仓库管理更加精确和高效。自动化设备，如自动拣选机器、输送带系统和无人驾驶叉车，可以减小人力需求，提高拣选速度，并降低错误率。此外，物联网（IoT）技术也被广泛应用于仓库，以监测库存、环境条件和设备状态，提供实时数据和洞察，以便更好地管理仓库运营。

2. 库存控制

安全库存是库存控制中的重要概念之一。安全库存是指在正常供应链运作中，为了应对突发需求波动、供应链中断或不确定性因素而额外存储的库存量。安全库存的水平应该根据多种因素进行综合考虑，包括需求的季节性变化、交货时间、供应商可靠性以及市场需求的不确定性。通过确保有足够的安全库存，企业可以提高对不可预测事件的抵御能力，确保及时交付，避免缺货情况。

库存轮换是降低库存损耗和报废率的关键措施之一。库存轮换策略的核心思想是确保储存时间最长的货物首先被出库，从而避免货物的老化和损坏。这可以通过采用先进的先进先出（FIFO）或先进后出（LIFO）库存管理方法来实现。此外，企业还可以通过定期检查库存、清除陈旧货物以及定期进行库存盘点来确保库存轮换的有效执行。

库存跟踪是现代库存管理的重要组成部分。使用技术工具如条形码、射频识别（RFID）和仓库管理系统（WMS）等，可以实现对库存的实时监控和管理。条形码和 RFID 技术有助于企业准确识别和追踪每个库存单位，从而降低误差率，提高库存数据的准确性。WMS 可以优化库存管理过程，自动化库存重新订购、库存调整和库存报告等任务，从而提高库存效率。

3. 订单拣选

（1）拣选策略。该策略适用于订单包含单一产品的情况。同时该策略可以提高拣选速度，因为拣选员只需处理一种产品。单品拣选通常用于电子商务订单，其中每个订单只包含一个产品。拣选策略还适用于订单包含多种产品的情况。拣选员需要从多个库位中拣选不同的产品，因此需要更多的时间和精力。多品拣选通常用于传统零售或批发业务，其中订单可能包含多个不同的产品。拣选策略也适用于大量订单包含相同产品的情况。批量拣选允许一次性拣选多个相同的产品，从而提高效率。这通常用于 B2B 业务中，如批发。

（2）拣选精度。首先，确保拣选员接受正规的培训，了解拣选过程和精度要求。培训包括使用拣选设备、识别产品和检查订单准确性等方面。其次，使用技术辅助工具，如拣选机器人或 RFID 技术，提高拣选精度。这些技术还可以减少人为错误，并提高拣选速度。

（三）可持续物流

物流活动对环境的影响是现代企业的责任。可持续物流策略包括减少碳排放、优化包装和提高能源效率等。

1. 减少碳排放

绿色运输方式是减少碳排放的核心战略之一。企业可以积极采用环保的运输方式，以减少对大气的碳排放。其中，电动车是一项重要的技术进步，可以显著降低道路货运的碳足迹。电动车辆依靠电池驱动，而不是传统的内燃机，因此可以消除尾气排放。此外，电动车的续航里程不断增加，使其在货运领域越来越具吸引力。

混合动力车辆也是绿色运输的一个重要选择。这些车辆将传统内燃机与电动系统相结合，以提高燃油效率并降低碳排放。在城市交通中，混合动力车辆可以更好地利用电力，减少对燃料的依赖。

公共交通系统也在减少碳排放方面发挥着关键作用。鼓励人们使用高效、便捷的公共交通工具，如电车、轻轨、地铁和公共汽车，这可以降低个人汽车使用率，减少交通拥堵和碳排放。

在长途货运中，选择能源效率更高的运输方式至关重要。铁路和水运是两个最佳选择，因为它们在运输效率方面具有显著优势。铁路运输可以携带大量货物，从而减少每单位货物的碳排放。此外，铁路线路通常较为直线，避免了公路上的交通拥堵。水运通过大型船只搬运货物，也能大幅减少碳排放。

路线优化是进一步减少碳排放的重要步骤。智能路线规划工具有助于企业优化送货路线，减少不必要的里程和排放。这些工具利用实时交通信息、地理信息系统和数据分析，使司机能够避开交通拥堵、选择最短路径，并实时调整路线以适应交通情况的变化。通过降低行驶里程，路线优化有助于减少燃料消耗和碳排放。

减少空运也是减少碳排放的重要措施。虽然空运速度快，但它通常产生更多的碳排放，因为飞机的燃料效率相对较低。企业可以寻找替代的运输方式，如海运或铁路运输，以减少碳足迹。在物流规划中，优先考虑空运的必要性，并尽量将货物从空运模式切换到更环保的运输方式。

2. 优化包装

选择可再生材料是改善包装可持续性的关键步骤之一。可再生材料通常来自可持续管理的森林、农田或其他资源，如纸浆、纸张和生物降解塑料。这些材料与传统的石油基塑料相比，具有更低的碳足迹和环境影响。例如，生物降解塑料可以在自然环境中分解，减小了对塑料污染的风险。选择可再生材料有助于降低资源的过度消耗，减小了包装对环境的负面影响。

包装减量化是减少包装材料使用的重要方法。通过采用轻量化包装设计，企业可以减少包装的重量和体积，从而降低了运输成本和碳排放。此外，精益包装设计还可以减少浪费，提高效率。例如，采用包装材料的最低可行量，避免过度包装，是一种常见的减量化策略。减少包装材料的使用不仅有助于环保，还可以降低包装成本，提高竞争力。

包装的可循环利用是实现包装可持续性的另一个关键因素。设计可回收和可再利用的包装材料，可以减少废弃物的产生，并降低资源的浪费。鼓励客户回收或重新使用包装材料也是重要一环。例如，采用标准化的包装形式和材料可以促进包装的回收和再利用。同时，为客户提供明确的回收指南和回收设施也可以提高回收率。

3. 提高能源效率

燃料效率在现代物流和运输领域非常重要。采用燃料效率更高的车辆是一种有效的策略，可降低燃料消耗和碳排放。混合动力和电动卡车是两种领先的技术，它们在减少燃料消耗方面取得了显著效果。混合动力车辆结合了内燃机和电池技术，可以在不同情况下自动切换，最大限度地提高燃油效率。电动卡车则通过使用电能代替传统燃料来减少碳排放。此外，持续的研发工作致力于提高电池技术，以增加电动卡车的续航里程，使其更适用于长途运输。

智能物流管理系统是一个强大的工具，有助于企业优化货物存储和运输，从而减少不必要的能源消耗。这些系统利用先进的数据分析和物联网技术，以实现实时的库存管理、货物堆放优化、拣选流程的精细化管理以及最佳路线规划。通过这些方法，企业可以降低仓库能源消耗，减少货物处理时间，优化运输路线，从而降低燃料消耗和排放。此外，智能物流管理系统还能够提高交通效率，避免交通拥堵，进一步减少碳排放。

可再生能源是一项可持续的能源选择，有助于减少对传统能源的依赖，降低碳排放。在物流和仓储领域，考虑使用太阳能或风能等可再生能源来供电仓库和物流中心是一项具有前瞻性的举措。太阳能光伏系统可以安装在建筑物的屋顶或周围的空地上，将阳光转化为电能，用于照明、加热、冷却和设备操作等方面。风能可以通过风力发电机来捕捉风力，产生电能。这些可再生能源系统不仅有助于减少碳排放，还可以降低能源成本，并提高企业的可持续性。此外，一些地区还提供政府激励措施，鼓励企业采用可再生能源，进一步推动可再生能源的应用。

第七章　现代企业创新与科技管理

第一节　创新管理与研发

一、创新管理流程

创新管理是现代企业取得竞争优势的关键因素之一。在竞争激烈的市场中，企业需要不断地引入新的产品、服务和流程，以满足客户需求来保持自身市场地位。

（一）创新识别

创新管理流程的第一步是识别创新机会。这可以通过多种方式实现，包括与客户互动、市场研究、竞争分析和内部创新团队的建立。企业需要不断寻找新的机会，以保持竞争力。

1. 与客户互动

积极与客户互动是识别创新机会的关键。了解客户的需求、问题和愿望有助于企业确定市场上存在的机会。这可以通过定期的市场调研、客户反馈和焦点小组讨论来实现。

2. 市场研究

市场研究是另一个关键工具，用于确定市场趋势、竞争情况和未来机会。企业可以借助市场分析工具、行业报告和竞争情报来获取有关市场的关键见解。

3. 竞争分析

了解竞争对手的行动和创新举措对于识别机会至关重要。通过比较自身与竞争对手的产品、服务和业务模式，企业可以确定自身的优势和弱点，并找到创新的空间。

4. 内部创新团队

建立内部创新团队可以促进内部的创新文化。该团队的任务是不断提出新的创意和建议。团队成员可以来自不同部门和背景，以确保多样性的观点和创新思维。

5. 持续追踪和反馈

创新识别不是一次性的活动，而是一个持续的过程。企业需要建立机制来持续追踪市场和技术变化，并接受内部和外部的反馈。这有助于企业始终保持对创新机会的敏感度。

（二）创新策划

一旦创新机会被识别，企业需要制定创新策略和计划。这包括确定创新的范围、创新目标、时间表以及分配必要的资源。创新策划阶段需要明确的目标和可衡量的指标，以便后续的评估和监控。

1. 确定创新范围

创新策划阶段的第一步是确定创新范围。这包括产品创新、服务创新、流程创新和组织创新。企业需要明确创新的领域以便更好地集中资源。

2. 制定创新目标

创新策划需要明确的目标和指标，以便能够衡量创新的成功。这些目标包括市场份额增长、新产品的收入贡献、成本降低等。目标需要具体、可衡量并与企业战略相一致。

3. 分配资源

创新计划需要适当的资源支持，包括预算、人力资源和技术设施。资源的分配应该基于创新项目的优先级和战略目标，并在不同阶段进行调整。

4. 制定时间表

创新策划需要明确的时间表，以确保项目按计划推进。时间表包括里程碑和关键活动的时间节点，以及项目的截止日期。

（三）创新开发

在创新开发阶段，企业开始实施创新计划。这涉及新产品或服务的设计和开发，新流程的实施，或者是对现有产品、服务或流程的改进。创新开发需要密切的跨部门协作和项目管理。

1. 跨部门协作

创新开发通常需要不同部门的协作，包括研发、设计、市场营销、生产等。跨部门的协作和沟通至关重要，以确保项目的顺利推进。

2. 项目管理

项目管理在创新开发中起重要作用。企业需要建立有效的项目管理团队，制订项目计划、监控进度，并确保项目按时交付。

3. 原型和试验

在创新开发阶段，通常需要创建原型和进行试验。原型是一个初步版本，用于测试新概念的可行性。试验包括现场试验、实地测试和用户反馈，以验证创新的有效性。

（四）创新测试与评估

创新实施后通常需要在实际市场环境中进行测试和评估。这包括现场试验、原型测试和客户反馈。评估的目标是确定创新的可行性，包括市场潜力、技术可行性和经济效益。

1. 现场试验

现场试验是创新测试与评估中的重要环节之一。在市场试验中，企业将新产品、服务或流程纳入市场体系，以观察市场反应。这包括小规模推出、试点项目或区域性市场测试。

市场试验的目标之一是确定市场潜力。企业需要了解潜在客户对创新的兴趣和需求，以确定是否存在足够的市场份额来支持创新项目。试验还可以用于测试不同定价策略、市场定位和销售渠道的有效性。

2. 原型测试

通过创建初步版本或模型，企业可以更好地了解新产品或服务的潜在问题，确保其功能、性能和用户体验符合预期。原型测试包括以下方面。

（1）功能性测试。功能性测试是原型测试的首要任务之一。在这个阶段，企业需要确保新产品或服务的各项功能是否按照设计要求运行。这包括检查是否实现了产品的基本功能，以满足用户需求。例如，对于软件应用程序，功能性测试可能涵盖各种功能按钮、菜单选项和交互操作的测试。如果发现功能性问题，可以及时修复，以确保最终产品的质量。

（2）性能测试。性能测试是原型测试的另一个重要方面。它旨在评估新产品或服务的性能水平，包括速度、稳定性和可靠性。性能测试有助于企业确定产品在实际使用中是否能够满足用户的需求。例如，对于一个网络应用程序，性能测试可能涵盖了网站的加载速度、响应时间和服务器的稳定性。通过性能测试，企业可以识别潜在的性能瓶颈，并采取措施来改进产品性能。

（3）可用性测试。可用性测试是评估产品或服务的用户界面和用户体验的重要部分。它旨在确保用户能够轻松使用产品，并获得良好的用户体验。可用性测试包括以下方面：①用户界面设计的评估，包括布局、颜色、字体和图标等。②

用户任务的执行测试，以验证用户是否能够完成特定任务，如注册、登录或购物。③用户反馈的收集，以了解用户的看法、建议和痛点，从而提高用户体验。通过可用性测试，企业可以发现用户可能遇到的问题，改进产品设计，提高用户满意度，并增强产品的市场竞争力。

3. 客户反馈

企业需要积极收集客户的意见和反馈，以了解他们对创新的看法。这可以通过调查、焦点小组讨论、用户测试以及在线反馈渠道来实现。客户反馈有助于企业了解客户的需求、偏好和痛点。它可以揭示产品或服务的优势和不足，并指导进一步改进。客户的意见对于产品的市场适应性至关重要，因此企业应该积极倾听并回应客户的反馈。其具体优点为：

（1）了解客户需求和偏好。客户反馈是了解客户需求和偏好的窗口。通过收集客户的意见和反馈，企业可以更好地了解客户对产品或服务的需求，以及他们在购买决策中考虑的关键因素。这有助于企业调整创新策略，以满足市场需求。

（2）识别问题和改进机会。客户反馈有助于企业识别问题和改进机会。客户通常会提供有关产品或服务的缺陷、不足以及使用中的挑战。这使企业能够迅速采取纠正措施，改进产品或服务，提高质量和客户满意度。

（3）指导创新方向。客户反馈可以指导创新方向。客户的意见和建议可以成为新产品或服务的灵感和指南。企业可以利用客户反馈来确定未来创新项目的优先级和关注点。

（4）评估市场适应性。了解客户反馈有助于评估产品或服务的市场适应性。客户满意度和反馈数据可用于衡量产品在市场上的成功程度。这有助于企业更好地了解他们的目标市场，并在竞争激烈的市场中脱颖而出。

（5）建立客户关系。积极回应客户反馈可以加强客户关系。客户感到他们的声音被听到并受到重视，更有可能成为忠诚的长期客户。这有助于企业建立可持续的客户基础，并提高客户保留率。

4. 技术可行性评估

企业需要确定所采用的技术是否足够成熟，能够满足创新项目的需求。技术可行性评估有助于企业了解技术方面的挑战和潜在问题，并制定解决方案。其具体可分为以下三方面。

（1）技术成熟度评估。企业需要深入了解所选技术的成熟度水平。这包括考察技术是否已经在其他项目或领域中得到验证和应用，以及它是否在科研和开发阶段中。对技术成熟度的评估有助于企业确定是否有必要投入资源和知识来支持项目的成功实施。

（2）技术可行性分析。评估技术是否适用于特定项目的需求。这包括确定技术是否能够满足项目的性能要求、可扩展性、可维护性以及与现有系统和基础设施的集成能力。技术可行性分析有利于避免在项目后期出现无法解决的问题。

（3）风险评估。识别与采用新技术相关的风险，并制定应对策略。风险包括技术不稳定性、供应链问题、专业人员不足、安全漏洞等。通过提前识别这些风险，企业可以制订预防和应急计划，以减小潜在的负面影响。

5. 经济效益评估

企业需要确定创新项目的成本，包括开发成本和推广成本，并与预期的经济效益进行比较。这有利于确定创新项目是否具有经济可行性，以及是否值得投资。经济效益评估的三项指标如下：

（1）成本效益分析。企业需要全面了解创新项目的成本结构，包括开发、研发、推广和运营成本。这涵盖了直接成本和间接成本，以及潜在的未来成本。成本效益分析有利于确保项目的预算合理，并帮助企业决定是否可以承担这些成本。

（2）投资回报率（ROI）评估。ROI 是一项关键指标，用于衡量创新项目的经济可行性。它通过比较项目的净利润（经济效益减去成本）与项目成本来计算。ROI 的高水平表明项目会带来更大的经济回报，而低水平则表明需要重新评估项目的可行性。

（3）效益估算。除了成本，企业还需要估算项目可能带来的效益。这些效益包括增加销售收入、降低运营成本、增加市场份额、提升品牌价值等。确保对效益进行合理的估算至关重要，因为它们直接影响 ROI 的计算。

二、创新文化建设

创新文化是鼓励员工提出新想法、尝试新方法并接受变革的文化。它对创新管理至关重要，因为创新不只是一个流程，更是一种文化。

（一）领导层示范

领导层在创新文化建设中起关键作用。高层管理人员应该成为示范者，积极支持创新，展示开放性思维，并鼓励员工提出新想法。领导层的参与和支持对于创建创新文化至关重要。

1. 积极支持创新

领导层应明确表示对创新的坚定支持。他们应该将创新视为企业成功的关键驱动因素，并将其纳入战略规划和目标中。这种明确的支持可以传达给员工，让他们明白创新是组织的核心价值之一。具体来说，领导层可以明确定义组织的创新愿景，强调创新对业务增长的重要性。领导层应确保创新项目有足够的资源支持，包括预算、人力和技术设施。领导层应积极参与创新项目，展示他们对创新的承诺，并将其付诸实践。

2. 开放对话

开放对话是创新文化的重要组成部分。领导层应鼓励开放对话，使员工能够自由表达他们的想法和反馈。这种开放性的交流有助于激发创新思维和促进新想法的涌现。具体来说，领导层可以与员工分享自己的创新经验和故事，以鼓励员工参与创新活动。领导层应积极倾听员工的建议和想法，无论这些想法来自任何层级的员工。领导层应及时提供反馈，对员工的创新提案和努力给予积极回应。

3. 示范冒险精神

领导层可以通过示范冒险精神和愿意承担风险来激发员工的创新意愿。这种精神可以鼓励员工积极尝试新方法和新想法，而不害怕失败。具体来说，领导层应愿意承担一定的风险，试验新策略和方法，从中学习并分享经验。领导层应公开表扬和赏识那些积极尝试新方法的员工，将他们视为组织中的榜样。领导层可以通过将创新纳入组织文化中，鼓励员工提出大胆的想法和挑战传统观念。

（二）创新激励

企业可以通过奖励和激励措施来鼓励员工参与创新。这包括提供奖金、晋升机会或其他福利，以鼓励员工积极参与创新活动。以下是创新激励的重要内容：

1. 奖励制度

企业可以建立一个有吸引力的奖励制度，以奖励那些提出创新想法、积极参与创新项目或在创新方面取得成果的员工。这种奖励制度可以包括多种形式的奖励，例如，一是奖金。为员工提供与其创新贡献程度相符的奖金，这可以是一种直接的经济激励。二是认可和荣誉。公开表扬和认可员工的创新贡献，包括颁发奖章、证书或其他荣誉。三是特殊待遇。提供额外的假期、灵活的工作安排或其他特殊待遇，以鼓励员工继续参与创新活动。

奖励制度应明确、公平，并与员工的贡献相匹配，以确保员工感到被认可和激励。

2. 晋升机会

为那些积极参与创新活动并在创新方面取得成功的员工提供晋升机会，可以成为强大的激励因素。员工通常会感到更有动力，如果他们知道自己的创新工作有望为他们的职业发展带来积极影响。具体来说，晋升机会包括：一是升职。将员工晋升到更高级别的职位，以反映他们在创新方面的成就和贡献。二是项目领导角色。为员工领导创新项目提供机会，这不仅增强了他们的责任，还提供了发挥创新潜力的平台。三是交叉培训。为员工提供跨部门或跨领域的培训和发展机会，以提高他们的技能和知识。

3. 培训和发展

提供培训和发展机会是另一种有效的创新激励方式。员工通常需要获得相关的技能和知识，以更好地参与创新活动。培训和发展包括：一是专业培训。为员工提供与创新相关的专业培训，以帮助他们掌握必要的技能，如设计思维、项目管理或创新工具的使用。二是导师计划。制订导师计划，让有经验的员工指导和辅导那些新手创新者，促进知识传承和技能发展。三是外部资源。鼓励员工参加外部研讨会、工作坊或培训课程，以接触创新领域的最新趋势和最佳实践。

培训和发展不仅有利于提升员工的创新能力，还向他们传达了组织的承诺，即愿意投资于员工的职业生涯和技能发展。

（三）开放的沟通和反馈

创新文化需要开放的沟通渠道，使员工能够自由表达他们的想法和反馈。企业应建立反馈机制，以收集员工的建议，并积极对待这些建议。以下是开放的沟通和反馈的重要内容：

1. 反馈机制

企业应建立容易访问的反馈渠道，如员工建议箱、在线平台或定期会议，以便员工能够分享他们的想法和反馈。反馈机制需要注意的要素为：

（1）多元化的渠道。企业应该提供多元化的反馈渠道，以满足不同人群的需求。这包括员工建议箱、在线平台、定期会议、客户调查、社交媒体和匿名反馈渠道等。不同的人更愿意在不同的平台上分享他们的反馈，因此提供多种选项可以更全面地收集信息。

（2）容易访问。反馈渠道必须容易访问，便于员工和其他利益相关者提供反馈。这可以通过简化反馈过程、提供清晰的指南和保护反馈者的隐私来实现。如果渠道不易访问，就会导致反馈数量不足，从而无法获取全面的信息。

（3）及时地反馈循环。收集反馈后，企业应建立及时的反馈循环。这意味着要对收到的反馈做出响应，并告知反馈者他们的反馈如何被使用或采纳。员工和其他反馈者需要知道他们的声音被听到并产生了影响，这可以增强他们的参与感和满意度。

（4）数据分析和行动计划。企业需要投入足够的资源来分析收集的反馈，并制订相应的行动计划。数据分析可以揭示未来趋势、问题或机会，有助于企业做出针对性的改进。关键是将反馈转化为实际行动，以解决问题并提高业务绩效。

2. 积极响应

企业领导层应积极响应员工的建议和反馈，以鼓励更多的参与和创新思维。

（1）企业领导层应该表达对员工提供建议和反馈的感激之情。这可以通过直接的口头或书面表达来实现。员工需要知道他们的意见是有价值的，而不仅仅是被听取的。

（2）及时回应是非常重要的。员工提供的建议和反馈应该在尽可能短的时间内得到回应。这可以增强员工的满意度，使他们感到他们的声音被认真对待。

（3）领导层对员工的建议和反馈进行公开讨论可以激发更多的创新思维。领导层可以组织会议或在线论坛，让员工分享他们的见解，并与其他同事进行互动。这种开放的讨论氛围可以促进知识共享和集体智慧的发展。

（4）领导层可能不会采纳员工的建议或反馈。在这种情况下，重要的是解释决策的原因，并与员工进行开放和诚实的沟通。这有助于员工理解背后的逻辑，减少不满和误解。

（5）为员工提供奖励和认可是鼓励他们参与和提供反馈的一种方式。这包括奖金、奖品、提升机会或公开表彰。奖励和认可可以激发员工的积极性和创新能力。

（6）领导层应该采纳员工的建议，并将其转化为实际行动。员工需要看到他们的反馈实际产生了变化，而不仅仅是口头上的认可。

三、研发资源分配

研发资源是支持创新的关键要素。企业需要合理分配资源，以确保创新项目的成功。

（一）资源识别与评估

1. 资源识别

资源识别是任何资源管理过程的第一步。在这个阶段，企业需要明确定义可用的资源，无论是物质的还是非物质的。

2. 资源类型分类与数量评估

在识别资源的基础上，企业需要对这些资源进行分类和数量评估。这有利于确切了解企业拥有的资源种类和数量。

3. 资源可用性和限制评估

一旦资源得到分类和数量评估，接下来需要评估资源的可用性和限制。这一步骤有利于更好地了解资源的实际可用性以及潜在的限制因素。以下是这一过程的重要内容：

（1）企业需要确定资源的实际可用性。这包括考虑资源可能被其他项目或部门使用的情况。

（2）识别潜在的资源限制。这包括资源的时间限制、供应链问题、技术设施的容量限制等。

4. 资源质量和与项目需求匹配的详细评估

资源识别与评估的最后一步是对资源质量和与项目需求匹配进行详细评估。这个阶段包括以下内容：

（1）评估资源的质量和性能水平。对于人力资源，这可能涉及技能水平和经验；对于技术设施，这可能涉及设备的技术规格和状态。

（2）将资源的特性与创新项目的需求进行对比。这可以确保资源是否满足项目的技术要求、时间表和成本限制。

（二）研发项目优先级设置

不同的研发项目具有不同的战略重要性和潜在价值。因此，企业需要制定明智的优先级设置策略，以确保资源被分配到最有前途的项目中。这可以通过评估每个项目的潜在市场影响、竞争优势、技术可行性和风险等因素来实现。项目评估矩阵和多标准决策分析有助于企业更好地衡量不同项目之间的价值和风险。

1. 与战略目标对齐

首要任务是确保资源分配与企业的战略目标相一致。这需要对企业的长期愿景和目标有清晰的理解。在这个阶段，需要明确以下问题：

（1）企业应明确其使命和愿景是什么。这有利于确定企业长期的战略方向。

（2）识别企业在战略层面的目标，如市场份额的增长、新市场进入、产品创新等。

（3）进一步进行市场分析，了解市场趋势、竞争情况和客户需求，以便更好地了解哪些项目与市场需求相关。

2. 项目评估

确定战略目标后，接下来是对各个创新项目进行评估，以确定其相对优先级。这需要综合考虑以下因素，包括：

（1）评估每个项目的潜在市场影响。这包括项目在市场上的潜在规模、增长潜力和市场份额。

（2）考虑项目是否具有竞争优势。这包括独特的技术、专利、品牌优势或其他差异化因素。

（3）评估项目的技术可行性。这包括项目是否在技术上可行，并且是否需要长期研发。

（4）考虑项目的风险因素，包括技术风险、市场风险、法律风险等。这可以通过风险分析工具来完成。

3. 项目评估工具和多标准决策分析

为了更好地衡量不同项目之间的价值和风险，企业可以使用项目评估工具和多标准决策分析方法。这些方法有助于企业量化项目的相关因素，以便更好地比较它们。以下是一些可能使用的工具和方法：

（1）项目评估矩阵。这是一个将各个项目的关键因素列出并打分的矩阵。这有助于企业可视化不同项目之间的差异。

（2）多标准决策分析。该方法使用多个评估指标，如财务、市场、技术和风险，来对项目进行综合评估。权衡这些因素有助于企业做出明智的决策。

基于项目评估的结果，企业可以制定明智的优先级设置策略。这个策略应该明确指导资源分配决策，确保资源被分配到最有前途、与战略目标相一致的项目中。策略应该具体明确每个项目的优先级，以便在资源有限的情况下做出明智的决策。

第二节　数字化转型与信息技术管理

一、数字化战略规划

（一）制定数字化战略

数字化战略规划的首要任务是明确定义数字化转型的愿景和目标。这个过程包括以下关键元素：

1. 明确数字化的核心目的

企业需要确定数字化转型的核心目标和目的。这包括提高客户体验、优化内部流程、降低成本、增强竞争力、拓展市场份额或创新业务模式。目标的明确定义有利于为数字化转型提供方向。

2. 提高客户体验

（1）数字化转型有助于企业更好地理解客户的需求和偏好。通过分析客户数据、建立智能客户服务系统和提供个性化的产品或服务，企业可以提高客户体验，增强客户忠诚度，从而提高市场份额。

（2）数字化转型可以重塑企业内部流程，自动化烦琐的任务，减少人工干预，降低错误率。通过使用物联网（IoT）传感器和大数据分析，企业可以实现供应链优化、库存管理和生产流程改进，从而降低运营成本。

（3）数字化转型有助于企业更灵活地应对市场需求的变化。通过实时数据分析、市场趋势预测和敏捷开发方法，企业可以更快地推出新产品或服务，满足客户需求，增强竞争力。

（4）数字化转型有助于企业探索新的市场机会。通过在线销售、电子商务平台、社交媒体营销和全球化战略，企业可以拓展市场份额，进入新的地理区域或业务领域。

（5）数字化转型可以促使企业重新思考其商业模式。通过数字平台、订阅服务、共享经济和物联网生态系统，企业可以创造全新的商业价值，实现创新的业务模式。

（二）分析市场和竞争环境

数字化战略的制定需要深入了解市场和竞争环境。以下是这个阶段的关键步骤：

1. 市场调研

企业应该进行市场调研，以了解客户需求、趋势和机会。这包括对目标市场的细分、市场规模的估算以及竞争对手的分析。

（1）市场细分与目标市场。企业需要将市场细分为不同的群体，以便更好地理解不同群体的需求和特点。这有助于企业更精准地满足客户需求。一旦市场细分完成，企业需要确定哪个或哪些市场细分是其数字化战略的主要关注点。这有利于将资源集中在最有前途的市场上。

（2）估算市场规模。对市场规模的估算是非常重要的。企业需要了解目标市场的规模，以确定潜在的收入机会。这可以通过市场调研数据和趋势分析来实现。

2. 竞争分析

了解竞争对手的数字化策略和市场表现对于制定数字化战略至关重要。这有利于确定竞争优势和差距，为数字化目标的设定提供参考。

竞争分析有助于企业揭示竞争对手的数字化策略。这包括对竞争对手的数字化投资、技术应用、在线渠道、数字营销和客户互动的审查。通过了解竞争对手的数字化举措，企业可以获得宝贵的洞察，从中借鉴成功的经验和吸取失败的教训。竞争分析有助于企业确定自身的数字化竞争优势和差距。通过比较自身与竞争对手的数字化表现，企业可以识别出在哪些方面具有竞争优势，如产品特性、用户体验、价格策略等。同时，它还揭示了需要改进的领域和机会，以缩小数字化差距。竞争分析还有助于企业明确数字化战略的战略目标。了解竞争对手的表现有助于企业制定可行和具体的数字化目标。这包括提高在线销售额、增加市场份额、提升品牌知名度或改进用户体验等目标。

3. 趋势预测

数字化领域的趋势和新兴技术对数字化战略的影响不容忽视。企业需要密切关注数字化趋势，如云计算、大数据分析、物联网（IoT）和人工智能，以及它们如何影响业务。数字化趋势预测有助于企业洞察未来趋势。在数字化时代，技术和市场发展迅速，因此企业需要及时了解新兴技术、消费者行为和市场动态。通过持续的趋势预测，企业可以更早地发现并把握新机会，同时预测并应对潜在挑战。趋势预测有助于企业优化数字化投资。通过了解哪些技术和领域具有潜力，企业可以更明智地分配资源，以支持数字化战略的执行。这可以降低投资风险，提高投资回报率（ROI）。数字化趋势预测使企业能够提前调整战略。如果趋势分析表明市场需求或技术方向正在发生变化，企业可以迅速做出反应，调整战略方向，以适应新的现实。这有助于企业保持竞争优势和敏捷性。

二、信息系统架构

（一）架构规划

信息系统架构规划是确保信息技术能够有效支持企业数字化转型的重要步骤。以下是架构规划的关键要素：

1. 明确业务需求

首要任务是明确业务需求。企业必须深入了解自己的业务流程、客户需求和员工工作方式。这需要与各部门和利益相关者合作，以全面理解业务需求。架构规划的成功建立在对这些需求的深刻理解基础上。

2. 新兴技术应用

现代企业需要积极考虑新兴技术的应用。云计算、大数据、物联网（IoT）、人工智能（AI）等技术提供了巨大的机会，可以增强企业的竞争力和创新能力。架构规划需要确定如何有效地集成这些新技术，以支持业务目标的实现。这包括选择适当的技术堆栈、平台和工具，以确保它们与现有系统协同工作。

3. 可伸缩性和性能

可伸缩性和性能是信息系统架构的核心要素。企业的业务会不断增长和变化，因此系统必须能够适应这种变化。架构规划需要考虑如何设计系统，使其具有横向和纵向的可伸缩性，以便在需要时进行扩展。此外，性能优化也是至关重要的，以确保系统在高负荷情况下仍然能够高效运行。这涉及硬件优化、缓存策略和负载均衡等内容。

（二）数据管理

数字化转型涉及大量数据的处理、分析和管理。以下是数据管理的重要内容：

1. 数据采集

数据采集是数字化转型的起点。企业需要明确如何采集数据，以便从内部系统和外部来源获取必要的信息。数据源包括传感器、应用程序日志、社交媒体数据、客户交互数据等。企业需要建立数据采集策略，确保数据从多个渠道可靠地流入系统。

企业应选择适合其需求的数据采集技术，如 API 集成、ETL（抽取、转换、加载）流程、实时数据流等。不同的数据源和用例需要不同的采集方法。

2. 数据存储

大数据时代需要强大的数据存储解决方案。企业可以选择传统的关系型数据库系统，也可以考虑分布式存储和云存储。数据存储的选择应考虑数据冗余、备份和恢复策略，以确保数据的可靠性和持久性。

企业可以利用各种存储技术，包括关系型数据库、NoSQL 数据库、分布式文件系统、数据湖等。每种技术都有其适用的场景，根据业务需求进行选择。

3. 数据分析

数据分析是数字化转型的核心。企业需要建立数据分析能力，以从数据中提取有价值的信息、洞察趋势和支持决策。数据分析涉及数据挖掘、机器学习、预测分析、可视化等技术。

企业可以选择适合其需求的数据分析工具和平台，如 Hadoop、Spark、Python 的数据分析库、商业智能工具等。这些工具有助于企业进行数据探索、模型建立和结果可视化。

第八章　企业的可持续发展——以建筑企业为例

第一节　企业的社会责任

一、企业社会责任与企业可持续发展的联系

企业社会责任与可持续发展是密不可分的。企业社会责任注重企业在商业运营过程中对利益相关方产生的影响承担责任，其中环境和社会责任属于可持续发展的核心领域。企业社会责任的实践有助于提高社会整体素质，促进资源的合理利用，实现可持续发展。

首先，企业社会责任促进可持续发展的经济社会条件。企业在承担社会责任的过程中，积极履行税收义务并遵守法律法规。这有助于维护市场秩序和公平竞争，提高产业发展的稳定性。同时，企业实施社会责任也会带动就业机会的增加，改善员工工作环境和福利待遇，促进社会公平和社会安定。

其次，企业社会责任推动可持续发展的资源利用和环境保护。企业社会责任的实践需要企业在生产与经营过程中关注资源的合理利用和环境保护。通过开展绿色生产、节能减排等行动，企业可以减少对环境的负面影响，保护自然资源的可再生性，保障可持续发展的环境基础。

最后，企业社会责任增强了可持续发展的安全和稳定。企业在社会责任履行中注重保障消费者权益，提供安全可靠的产品和服务。这不仅有助于满足消费者的需求，还保障了市场的稳定和法治经济的顺利进行，为可持续发展提供支撑。

二、社会责任的重要意义

社会责任，也被称为企业社会责任（Corporate Social Responsibility，CSR），是现代建筑企业所关注的重要议题之一。社会责任定义了企业对社会和环境的道

义和法律义务，要求企业在其经营活动中承担一定的社会义务。社会责任是在全球化和可持续发展的背景下逐渐崭露头角的重要概念。企业在面对城市化、资源稀缺和气候变化等挑战时，需要积极履行社会责任，以创造可持续的社会价值。

1. 社会责任的维度

社会责任具有多维度，包括经济、环境和社会三个主要维度。

（1）经济维度。经济维度是社会责任框架的重要组成部分。在这个维度中，企业被要求通过合法和道德的方式经营，以实现股东的价值最大化。这包括在盈利性目标方面的责任，确保企业在市场竞争中取得成功。企业应遵守法律法规，支付税款，并维护上下游的健康。这也意味着企业应避免不正当竞争、腐败和不公平的商业实践。经济维度的目标是在经济可持续性的背景下，为股东、投资者和员工创造稳定的收益，促进企业的长期成长和稳健经营。

（2）环境维度。环境维度强调了企业对自然环境的影响。这个维度要求企业采用可持续的建筑和设计实践，以减少对环境的负面影响。这包括节能、节水、减少废物、降低碳排放、保护生态系统等。企业应该关注生物多样性、资源管理、污染控制和气候变化适应性。环境适度不仅有助于保护自然环境，还有助于降低企业的运营成本，并为企业创造新的商机，如可再生能源和绿色技术。

（3）社会维度。社会维度强调了企业在社会层面的责任和影响。这包括改善员工福利、支持社区发展和促进社会公平。企业应该关注员工权益、安全和健康，提供平等的就业机会，支持员工的职业发展。社会维度还要求企业参与社区项目、慈善活动和教育倡议，回馈社会，提高当地社区的生活质量。此外，企业还应关注人权问题、反腐败和伦理经营，确保其业务符合社会的道德和伦理标准。

2. 社会责任的益处和挑战

社会责任实践可以为企业带来多重益处。

（1）提高声誉和品牌价值。社会责任实践可以增强企业的声誉，提高品牌价值。消费者和投资者越来越关注企业的社会责任表现，他们更愿意支持那些积极参与社会和环境问题的企业。良好的社会责任声誉可以吸引更多客户和投资，为企业带来商业机会。

（2）降低法律和道德风险。社会责任实践有助于企业遵守法律法规和伦理标准，降低了法律诉讼和道德争议的风险。通过采取伦理经营实践，企业可以避免负面新闻和法律问题，维护企业的声誉和稳定性。

（3）降低运营成本。社会责任实践可以通过资源效率和环境友好的方法降低运营成本。例如，节能、废物减少和供应链优化可以减少能源和材料的浪费，降低成本。此外，良好的员工培训和发展计划可以提高员工的生产力，减少人力资源管理成本。

（4）提高员工忠诚度。实施社会责任可以增强员工的归属感和忠诚度。员工更愿意为那些关心他们福祉和发展的企业工作。社会责任实践还可以为员工提供参与社区服务和志愿者活动的机会，增强员工的满意度和幸福感。

（5）增强竞争优势。在竞争激烈的市场中，社会责任实践有助于企业脱颖而出。它可以成为吸引客户的竞争优势，尤其是那些注重可持续性和伦理价值观的客户。企业可以利用社会责任来区分自己，建立独特的市场地位。

实施社会责任也面临一些挑战。

（1）成本和资源投入。社会责任实践需要企业投入大量资金和资源，包括培训、技术升级和社区支持等。这对中小型企业来说将面临财务挑战，特别是在竞争激烈的市场环境中。

（2）效益的长期性。社会责任实践的长期效益不容易测量和证明。有些成果可能需要多年才能显现，这会让企业难以衡量投资的回报。因此，建立有效的评估和监测机制至关重要。

（3）利益相关方的复杂性。社会责任涉及多个利益相关方的期望和利益，包括股东、客户、员工、社区和政府等。在不同利益相关方之间取得平衡是一个挑战。企业需要仔细权衡各方的需求，以制定综合的社会责任战略。

（4）长期承诺。社会责任是一个长期承诺，而不是一时的行动。企业需要持之以恒地致力于社会责任，而不是只在特定时期或事件中采取行动。这需要领导层的坚定支持和企业文化的转变。

3.社会责任的实践和示范——以建筑企业为例

建筑企业的社会责任实践可以通过以下方式体现。

（1）可持续建筑设计和绿色建筑技术。建筑企业可以采用可持续建筑设计原则和绿色建筑技术，以减少对环境的不利影响。这包括使用能源效率更高的材料和设备、采用再生能源、改进建筑绝缘、设计绿色屋顶和墙壁，以及收集雨水用于灌溉等。这些实践有助于减少碳排放、降低能源和水资源的消耗，推动建筑行业朝着可持续的方向发展。

（2）员工培训和发展计划。建筑企业可以投资于员工培训和发展计划，提高员工的技能水平和职业机会。这包括提供技术培训、安全培训、领导力发展和职业规划支持。通过为员工提供持续学习和职业发展机会，企业不仅提高了员工的综合素质，还提高了员工的满意度和忠诚度。这有助于吸引和留住高素质人才，提高企业的竞争力。

（3）社区发展项目支持。建筑企业可以参与社区发展项目，为当地社区提供支持和资源。这包括资助学校建设、改善基础设施、提供医疗服务、推动城市规划和改善社区居住条件等。通过积极参与社区项目，企业不仅改善了社区的生活条件，还增强了企业的社会认可度。这有助于建立积极的关系，促进社区与企业之间的互惠关系。

三、企业社会投资与慈善计划

（一）社会投资与慈善计划的目标和影响

1. 社会投资与慈善计划的目标

社会投资和慈善计划是企业社会责任之一，其目标通常包括改善社区生活、减轻社会不平等、提高教育和医疗服务的可及性，以及保护自然环境。

（1）改善社区生活。社会投资和慈善计划的首要目标是改善社区生活条件。通过投资社区项目，如基础设施建设、住房改善、公共交通、文化和体育设施等，建筑企业可以改善当地居民的生活条件，提高他们的生活品质。

（2）减轻社会不平等。社会投资和慈善计划还致力于减轻社会不平等，确保社会资源和机会更加均衡分配。这包括提供职业培训和教育机会，支持低收入家庭，以及推动包容型经济增长。通过这些计划，建筑企业可以创造更公平的社会环境。

（3）提高教育和医疗服务的可及性。社会投资和慈善计划通常关注教育和医疗领域，以提高教育和医疗服务的可及性。这包括资助学校建设、提供奖学金、支持医疗设施的建设和升级等。通过这些投资，企业可以提升社区的教育水平和医疗保健质量，帮助居民获得所需服务。

（4）保护自然环境。建筑企业也可以通过社会投资和慈善计划来保护自然环境。这包括支持生态恢复项目、提倡土地可持续使用和保护野生动植物栖息地。通过这些计划，企业可以减小其在自然资源开发和建设中的环境影响，为未来世代提供更健康的环境。

2. 社会投资与慈善计划的影响

（1）增强社会声誉。社会投资和慈善计划有助于建筑企业在社会层面树立良好的声誉。这些举措向社会传递了企业的社会责任感，展示了其对社会和环境问题的积极关切。积极的社会声誉可以吸引更多客户、投资者和员工，增强企业竞争力。

（2）建立积极关系。社会投资和慈善计划有助于建立积极的关系，与政府、社区和利益相关方建立紧密的联系。通过参与社会项目和支持社区发展，企业可以更好地了解当地社区的需求和问题，建立互信关系，并与政府合作解决共同关心的问题。这有助于企业更好地融入当地社会，获得支持和合作。

（3）扩大社会影响力。社会投资和慈善计划可以扩大企业的社会影响力。通过支持具有积极社会效益的项目和组织，企业可以在社会问题解决方面发挥重要作用。企业的社会影响力可以超越其商业活动，影响社会变革和可持续发展。

（二）社会投资与慈善计划的实践和示范——以建筑企业为例

建筑企业可以通过多种方式实施社会投资和慈善计划。

1. 支持与核心业务相关的社会项目

（1）可持续建筑和绿色技术支持。建筑企业可以选择支持可持续建筑和绿色技术项目，以减小建筑业的环境影响。这包括提供资源和专业知识，帮助社区和开发商采用更环保的建筑实践。

（2）基础设施改善。建筑企业可以投资于改善社区基础设施，如道路、桥梁、供水系统和电力设施。这不仅改善了居民的生活条件，还能促进经济增长。

（3）住房项目。建筑企业可以合作或自主开展住房项目，以提供负担得起的住房选项。这有助于缓解住房危机，并改善低收入家庭的居住条件。

2. 与非政府组织、慈善机构和社会企业合作

（1）伙伴关系与非政府组织。建筑企业可以建立伙伴关系，与非政府组织合作，共同推动社会和环境议程。例如，与环保组织合作推广可持续建筑实践，或与教育机构合作提供技能培训。

（2）慈善捐赠。建筑企业可以设立慈善基金或向慈善机构捐赠资金，用于支持特定社会项目或救灾行动。这种方式可以有针对性地满足紧急需求，如自然灾害救援。

（3）支持社会企业。建筑企业可以支持社会企业，购买其产品或服务，或提供战略合作机会。这有助于推动社会企业的可持续发展，同时实现企业的社会责任。

3. 员工参与计划

（1）志愿者活动。建筑企业可以鼓励员工参与志愿者活动，支持社区项目。企业可以提供带薪志愿者时间，鼓励员工积极参与慈善工作或环保活动。

（2）员工慈善捐赠。建筑企业可以设立员工慈善捐赠计划，匹配员工的慈善

捐款，从而提高员工的慈善参与度。这不仅有助于社会项目，还加强了员工与企业的联系。

（3）技能共享。员工可以分享自己的专业技能和知识，帮助社区解决特定问题。例如，建筑专业人士可以提供建筑设计或维护建议，支持社区改进基础设施。

（三）环保倡议和绿色项目

许多建筑企业积极支持环保倡议和绿色项目。它们参与可再生能源项目、生态恢复工程、废物减少计划等，以降低碳足迹，保护自然环境。

1. 环保倡议的重要性

（1）建筑企业在社会中扮演着重要角色，积极参与环保倡议是企业对社会和环境负责的体现。企业应该认识到它们的活动对环境和社会的影响，并采取措施来减小负面影响。

（2）许多国家和地区都颁布了环保法规，要求企业遵守环保标准。积极参与环保倡议有助于确保企业的法规合规性。不仅要遵守法规，还要超越法规，以确保对环境的积极贡献。

（3）环保倡议可以提高企业的声誉和品牌形象。消费者越来越关心企业的环保立场，他们更愿意支持那些积极参与环保活动的企业。因此，环保倡议有助于树立正面的品牌形象，吸引更多客户和投资者。

2. 绿色项目的实施

（1）绿色项目的一个重要方面是可再生能源项目。建筑企业可以投资于太阳能、风能、水能等可再生能源，以减少对化石燃料的依赖，降低碳排放。

（2）生态恢复工程旨在修复受损的生态系统。建筑企业可以参与湿地恢复、树木重新植栽、水源保护等项目，使受到建设活动影响的生态系统得以恢复。

（3）废物减少计划有助于减少建筑项目中的废弃物，并将其重新利用或回收。建筑企业可以实施废物减少计划，减轻对垃圾填埋场的负担，并减少资源浪费。

（四）慈善捐赠和应急援助

建筑企业通常在灾难和紧急情况下提供慈善捐赠和应急援助。他们捐赠资金和物资，帮助灾区居民重建家园，提供紧急救援和医疗援助。

1. 慈善捐赠的意义和目标

（1）建筑企业在社会中扮演着重要的经济角色，因此，回馈社会是其不可或缺的一部分。通过慈善捐赠，这些企业可以回馈社会，帮助改善弱势群体的生活条件，推动社会发展。

（2）企业通常与当地社区有深刻的联系。通过向社区提供慈善捐赠，企业可以促进社区的发展，提高教育、卫生和基础设施水平。这有助于创建更健康、更有活力的社区。

（3）慈善捐赠活动还可以激励员工积极参与社会服务。员工会自愿参与志愿者工作或支持慈善项目，从而增强企业内部凝聚力和员工满意度。

2. 应急援助的重要性

建筑企业通常在各种自然灾害中扮演重要角色，包括地震、飓风、洪水等。在这些紧急情况下，企业可以提供紧急援助，包括提供临时住所、食物、水源和医疗援助。

（1）保护生命和财产。在自然灾害中，最重要的任务之一是保护生命。建筑企业可以通过提供紧急援助，如临时住所、食物和医疗援助，帮助灾区人们获得所需的基本生活支持。这可以避免因灾害而导致的生命损失和伤害，减少财产损失。

（2）促进社区复苏。自然灾害通常会对社区造成重大破坏，包括基础设施、住房和公共服务的损失。建筑企业可以通过提供技术和资源，帮助灾区社区迅速恢复正常生活。这包括修复损坏的建筑和基础设施，以及协助社区重新建立稳定的环境。

（3）提供协调和支持。建筑企业通常具有组织能力和资源，可以在紧急情况下提供协调和支持。他们可以与政府、非政府组织和其他利益相关者合作，确保援助物资和资源得以有效分发。这种协同合作可以更好地满足受影响社区的需求。

（五）社区参与和志愿者活动

建筑企业鼓励员工积极参与社区服务和志愿者活动。他们提供工作时间和资源，支持员工参与社会项目，如校园清洁、职业指导和技能培训等。

1. 社区联系和声誉建设

积极参与社区服务活动有助于建筑企业与当地社区建立密切联系和积极的声誉。这种积极的社会形象可以增强企业在社区内的认可度，建立良好的商业关系。

2. 社会影响和可持续发展

社区参与活动为企业提供了机会，可以促进社会的发展。通过支持教育、职业培训、环境保护等项目，企业可以帮助社区改善生活条件，促进可持续发展。

3. 员工满意度和忠诚度

企业鼓励员工参与志愿者活动可以提高员工满意度和忠诚度。员工参与社会服务的机会可以让他们感到自己是企业社会责任的一部分，从而增强员工的工作满意度和对企业的忠诚度。

4. 团队建设和技能发展

社区服务活动可以促进员工之间的团队合作和协作。共同参与志愿者活动有利于建立团队精神，提高沟通技能，并培养领导力。

第二节　环境管理与绿色建筑

一、环境可持续性标准

（一）制定环境可持续性标准

在现代建筑领域进行环境管理，制定明确的环境可持续性标准至关重要。这些标准为建筑项目提供了指导，以确保它们在设计、建设和运营过程中最大限度地减小对环境的负面影响。以下是制定环境可持续性标准的重要内容：

1. 综合性考虑

环境可持续性标准应综合考虑多个因素，包括能源效率、材料选择、废物管理、水资源利用和生态系统保护。这些标准应该尽可能全面，以确保建筑项目在各个方面都遵循可持续性原则。

2. 参考国际标准

许多国际组织和机构制定了环境可持续性标准，如 LEED、BREEAM 等。建筑企业可以参考这些国际标准，并根据项目的特定需求进行定制化。

（二）标准实施和监督

制定环境可持续性标准只是第一步，实施和监督是同样重要的环节。以下是标准实施和监督的重要内容：

1. 培训和教育

建筑项目的相关人员，包括设计师、建筑师、工程师和工人，需要接受培训，以了解和理解环境可持续性标准。这能确保标准得以有效实施。

2. 监测和报告

建筑项目应建立检测和报告机制，以跟踪项目的进展并确保其符合标准。监测可以涵盖能源消耗、废物管理、水资源利用等，并及时报告结果。

3. 审计和认证

一些绿色建筑认证体系要求建筑项目接受第三方审计和认证。这些审计机构会评估项目是否符合环境可持续性标准，并颁发认证，如 LEED 认证或 BREE-

AM 认证。

二、可再生能源与节能技术

（一）可再生能源的应用

可再生能源在建筑业中的应用对环保和可持续性发挥了重要作用。以下是可再生能源的主要应用方式：

1. 太阳能电池板

太阳能电池板是一种常见的可再生能源应用，已经被广泛用于建筑业。这些电池板通常安装在建筑物的屋顶或墙壁上，将阳光转化为电能。太阳能电池板的应用不仅减少了对传统电网的依赖，还有利于降低建筑的碳足迹。此外，多余的太阳能电力可以存储起来，以便在夜间或多云天气时使用，提高了电力供应的可靠性。

2. 风力发电

风力发电是一种可再生能源的重要形式，可以通过在适当的地点安装风力发电机来利用自然风力产生电力。在建筑业中，高层建筑或位于风力资源丰富地区的项目可以通过风力发电来补充电力需求。这有利于减少对化石燃料发电的需求，减少温室气体排放，促进清洁能源的使用。

3. 地源热泵

地源热泵是一种用于供暖和制冷的可再生能源技术。它利用地下的恒定温度来实现能源的高效利用。在冬季，地源热泵从地下提取热能，用于供暖建筑物；而在夏季，它将热量排放到地下，用于制冷。这种技术不仅提高了能源效率，还降低了建筑物的运营成本。

4. 生物质能源

生物质能源是一种以可再生的有机材料为基础的能源形式，如木材、秸秆、废物等。在建筑业中，生物质能源可以用于供热或发电。例如，木材可以用于生产生物质热能，供暖建筑物。同时，生物质能源的利用还可以减少废物处理的需求，有利于减少环境污染。

（二）节能技术的实践

除了可再生能源外，采用节能技术也是建筑业可持续性的重要组成部分。以下是一些节能技术的实践：

1. 高效绝缘

高效绝缘是建筑节能的基础。在建筑项目中，采用高效的绝缘材料可以有效减少热量和冷空气的传导，从而降低能量损失。这包括使用绝缘墙壁、屋顶、地板和窗户，以创建一个更稳定的室内温度。同时，建筑师和设计师还可以优化建筑的朝向和布局，以最大限度地减少热量和冷空气的外部进入。

2. LED 照明

LED（发光二极管）照明系统已经成为一种高效的照明选择。与传统白炽灯泡相比，LED 照明更节能，寿命更长。LED 灯具不仅能够提供明亮的照明，还可以通过智能控制系统调整亮度和颜色温度，以满足不同的照明需求。此外，LED 灯具的可调光性能能最大限度地减少能源浪费。

3. 智能控制系统

智能控制系统在建筑节能中发挥着重要作用。这些系统可以监测建筑内部的温度、湿度、光照等参数，并根据需求自动调整能源使用。例如，当没有人在房间内时，系统可以自动关闭灯光和空调，以降低能源消耗。智能控制系统还可以通过时间表、传感器和遥控功能提高能源效率。

4. 能源回收

能源回收技术能最大限度地利用能量资源，减少浪费。余热回收系统是一种常见的应用，它可以捕获工业过程或设备产生的废热，并将其用于加热水或供暖。这可以显著降低能源成本，并减少对化石燃料的依赖。此外，废水处理过程中的能量回收也是一种有效的能源回收方式。

5. 高效设备

高效设备选择是另一项重要的节能实践。在建筑项目中，选择高效的供暖、通风、空调和电气设备可以降低能源消耗。例如，高效空调系统通常具有更好的制冷效果，采用环保冷媒，减少了电力需求。同时，建筑业也在逐渐采用节能电器和设备，如能源星级认证的家电产品，以降低电力消耗。

（三）可再生能源和节能技术的益处

在建筑业中应用可再生能源和节能技术可以带来以下益处：

1. 降低能源成本

（1）太阳能电池板是一种广泛应用的可再生能源技术，它们通过将阳光转化为电能来供电。这种技术允许建筑物自行发电，降低了对传统电力的需求。在初期投资后，太阳能电池板的运行成本相对较低，因为太阳能是免费且可再生的能源来源。这意味着建筑物可以大幅减少电费支出，特别是在阳光充足的地区。此外，一些地方政府还提供奖励计划和税收激励措施，鼓励建筑业采用太阳能电池板，进一步降低了成本。

（2）风力发电是另一种可再生能源技术，适用于一些地点。建筑物可以在适合的地方安装风力发电机，利用风能产生电力。与太阳能一样，风能是一种免费且可再生的能源，因此，建筑物可以减少对传统电力的依赖，降低能源成本。虽然风力发电的初始投资相对较高，但在长期内，运行和维护成本较低，使其成为经济可行的选择。

（3）地源热泵技术有利于供暖和制冷建筑物，从而减少了能源成本。地源热泵系统利用地下的恒定温度来提供能源，用于维持室内温度。这种系统的运行成本通常较低，因为它们不需要使用传统的加热和制冷方法，如天然气或电力。此外，地源热泵还可以通过能源回收进一步降低成本，将废热重新利用，提高能源效率。

（4）高效绝缘材料的使用也有利于降低建筑物的能源成本。高效绝缘可以减少热量和冷空气的传导，从而降低供暖和制冷系统的负荷。这意味着建筑物在维持所需的温度时需要更少的能量，减少了能源成本。此外，高效绝缘还有利于提供更舒适的室内环境，减少了需要额外消耗能源的情况，如使用电风扇或暖气器。

2. 减少碳足迹

（1）减少碳足迹是可再生能源和节能技术在建筑业中的一个显著益处。传统的能源生产，如燃煤和天然气发电，通常伴随着大量的温室气体排放，其中二氧化碳（CO_2）是最主要的排放物之一。这些温室气体的排放是导致气候变化和全球变暖的主要原因之一。

（2）可再生能源技术，如太阳能和风能，几乎不排放温室气体。太阳能电池板通过将阳光转化为电能，而风力发电机则利用风能产生电力。在这些过程中，不产生二氧化碳或其他温室气体的排放。因此，建筑物使用可再生能源生成的电力减少了对传统高碳能源的需求，从而降低了温室气体排放量。

（3）节能技术也有利于减少碳足迹。通过采用高效绝缘、LED 照明、智能控制系统等节能措施，建筑物可以降低能源消耗，从而减少了能源生产过程中产生的温室气体排放。例如，高效绝缘可以减少加热和冷却建筑物所需的能量，LED 照明系统可以减少电力需求，智能控制系统可以自动调整能源使用以提高效率。这些节能措施不仅降低了建筑物的运营成本，还有利于减少对高碳能源的依赖，从而减缓了气候变化的速度。

（4）减少碳足迹对环境可持续性至关重要。随着气候变化问题日益严重，减少温室气体排放成为全球共同的责任。建筑业作为能源消耗的重要部分，应当积极采取措施减少其对气候变化的影响。可再生能源和节能技术的应用是实现这一目标的重要途径之一。通过减少碳足迹，建筑业为降低温室气体浓度、保护地球环境，以及为后代创造更可持续的生活条件做出了重要贡献。

3. 提高建筑价值

（1）建筑中应用可再生能源和节能技术对于提高建筑价值产生显著影响。当建筑物采用这些现代化和环保技术时，它们通常在市场上更具吸引力，因为这些技术反映了业主对可持续性和环境友好的承诺。

（2）具有绿色认证的建筑物在租赁和销售市场上更具竞争力。绿色认证，如LEED认证，是对建筑物环保性能的权威认可。租户和投资者越来越重视建筑的环保特性，他们倾向于选择具有绿色认证的建筑物。这意味着具有这些认证的建筑物更容易吸引租户，租金通常更高。

（3）节能技术的应用可以显著减少建筑物的运营成本。对于投资者和业主来说，这意味着更高的回报率。虽然初始投资可能较高，但随着时间的推移，能源成本的降低和维护成本的减少将增加建筑物的经济价值。此外，这也使建筑物更具可持续性，降低了未来的运营风险。

（4）具有可再生能源和节能技术的建筑物通常更吸引人，因为它们提供了更健康和宜居的室内环境。良好的室内空气质量、温度和光照条件对于租户和居住者至关重要。因此，这些建筑物更容易租赁或出售，因为它们提供了更高的生活质量。

4. 长期投资回报

（1）尽管可再生能源和节能技术在建筑中的初始投资可能较高，但它们通常具有较短的回报周期。这意味着建筑物的能源成本和维护费用将在相对较短的时间内开始显著降低，从而为投资者提供了快速的回报。

（2）可再生能源技术，如太阳能电池板和风力发电机，具有较短的回报周期，因为它们通常在安装后不久就开始产生电力。一旦安装完成，这些系统就开始为建筑提供电力，减少了对传统电力的依赖。此外，政府和能源公司通常提供奖励计划和补贴，进一步缩短回报周期。因此，投资者可以在相对短的时间内开始收回初始投资，并享受减少的能源成本。

（3）节能技术的应用也可以在短期内实现经济回报。通过采用高效绝缘、LED照明、智能控制系统等节能措施，建筑物可以降低运营成本。这些节能措施通常在安装后不久就开始产生效益，因为它们减少了能源消耗和维护费用。此外，一些节能技术还享受政府的税收激励，进一步提高了投资回报率。

（4）可再生能源和节能技术可以为建筑物提供稳定的长期投资回报。这些技术有利于降低建筑物的运营成本，包括能源和维护费用。随着时间的推移，这些成本的节省将积累起来，为投资者提供了可观的长期经济利益。此外，这些技术还有利于提高建筑物的市场价值，使其更容易租赁或销售，为业主提供了更大的长期投资机会。

三、绿色建筑认证体系

（一）了解绿色建筑认证

绿色建筑认证是建筑行业中的一项关键实践，旨在鼓励和认可符合环保和可持续标准的建筑项目。以下是了解绿色建筑认证的重要内容：

1. 认证体系多样性

世界各地存在多个绿色建筑认证体系，如 LEED、BREEAM、Green Globes 等。这些体系的标准和要求各不相同，但它们都强调可持续性、资源效率和环境友好性。

（1）LEED 认证。LEED 是美国绿色建筑委员会（USGBC）创建的一项广泛认可的绿色建筑认证体系。LEED 认证注重多个方面的可持续性，包括能源效率、水资源管理、室内环境质量、材料选择和创新。LEED 认证的标准包括：一是能源和大气质量。评估建筑的能源使用效率和温室气体排放。二是水效率。评估水资源管理，包括用水效率和雨水收集。三是室内环境质量。关注建筑内部空气质量、采光和室内舒适度。四是材料和资源。鼓励使用可再生材料和减少建筑废弃物。五是创新。鼓励采用创新的绿色技术和实践。

（2）BREEAM 认证。BREEAM 是英国的绿色建筑评估体系，旨在评估建筑的可持续性表现。BREEAM 认证关注以下方面：一是管理。评估建筑的项目管理和可持续性管理计划。二是健康与舒适度。关注建筑内部环境对人员健康和舒适度的影响。三是能源。评估建筑的能源效率和使用可再生能源的能力。四是水。关注水资源管理和用水效率。五是材料。评估材料的可持续性和环境性能。六是创新。鼓励采用创新的建筑技术和实践。

（3）Green Globes 认证。Green Globes 是一项由美国绿色建筑倡议（GBI）创建的建筑认证体系。Green Globes 认证注重可持续性和环保性，其特点包括：一是项目评估。通过自我评估工具，建筑项目可以根据自身特点进行自我评估。二是建筑评估。专业评估师可以对建筑进行评估，以确定其可持续性表现。三是评级系统。Green Globes 采用一个五级评级系统，根据建筑的可持续性表现，颁发相应级别的认证。

2. 标准和评估

绿色建筑认证通常依赖于一套标准和评估程序，涵盖了能源效率、材料选择、室内环境质量、水资源管理等方面。建筑项目需要根据这些标准进行规划、设计和建设。

（1）能源效率标准。能源效率是绿色建筑认证的关键因素之一。建筑项目需要遵循一系列能源效率标准，以减少能源消耗并降低碳排放。这包括采用高效的绝缘材料、优化采光设计、使用可再生能源和实施能源管理系统等。评估程序通常会要求建筑项目提供能源模型和实际能耗数据，以验证其符合能源效率标准。

（2）材料选择标准。绿色建筑认证要求项目选择环保和可持续的建筑材料。这包括使用回收材料、低挥发性有机化合物（VOC）材料、木材来自可持续林业等。标准还涉及材料的生产过程，包括资源使用效率和污染控制。建筑项目需要提供详细的材料清单和来源证明，以满足这些标准。

（3）室内环境质量标准。为确保室内环境对居住者和工作人员的健康和舒适具有积极影响，绿色建筑认证通常包括室内环境质量标准。这包括优化通风系统、减少甲醛和其他有害气体的释放、提供自然采光和室内空气质量监测等。评估程序会要求项目进行室内环境测试和检测，以确保标准的达标。

（4）水资源管理标准。水资源是有限的，因此，绿色建筑认证通常要求项目采取措施来减少水资源的浪费。这包括安装高效的水龙头、使用低流量卫生设备、收集和再利用雨水、实施节水灌溉系统等。评估程序会要求项目提供水资源管理计划和监测数据，以验证其符合水资源管理标准。

3. 第三方认证

认证过程通常涉及第三方机构的审查和认证。这些机构负责评估建筑项目是否符合认证标准，并颁发相应的认证级别，如金、银、铜等。

（1）第三方认证的过程开始于认证标准的制定。这些标准通常由行业组织、政府机构或专业协会制定，涵盖了绿色建筑的各个方面，如能源效率、材料选择、室内环境质量、水资源管理等。标准的制定需要综合考虑环保、可持续性和健康等因素，以确保建筑项目在多个维度上达到高标准。

（2）建筑项目需要选择一家合适的第三方认证机构。这通常涉及对认证机构的调研和比较，以确定哪家机构最适合项目的需求。认证机构的选择应考虑其专业背景、经验、声誉和认证费用等因素。

（3）项目团队需要向选定的认证机构提交认证申请，并提供相关的文档和信息，以展示项目的符合标准。认证机构会对这些材料进行初步审核，并随后进行现场评估。这包括对建筑项目的实际检查、文件审查和与项目相关的利益相关者的交流。评估的过程通常由专业认证人员执行，他们具有相关领域的专业知识。

（4）认证机构会根据评估结果生成评估报告，其中详细描述了项目在各个标准方面的表现。如果项目达到认证标准，认证机构将颁发相应的认证级别，如金、银、铜等。这些级别反映了项目在可持续性方面的表现，通常与项目的成绩挂钩。

（5）认证通常不是一次性的，而是需要定期地检测和更新。认证机构会要求项目定期提交更新材料，以确保项目在整个认证期间持续符合标准。这有助于确保项目的可持续性和长期绩效。

（6）第三方认证过程通常是公开透明的，其结果可供公众查看。这有利于建立信任，促进绿色建筑认证的广泛接受和采用。

（二）绿色建筑认证的益处

采用绿色建筑认证体系可以为建筑企业带来以下益处：

1. 提高市场竞争力

（1）拥有绿色建筑认证可以显著提高建筑项目的市场竞争力。这是因为认证项目展现了对可持续性和环保的承诺，这一点在当前的市场环境中备受关注。以下是如何通过绿色建筑认证来提高市场竞争力的几个关键方面：一是满足可持续性需求。随着全球对环境问题的不断关注，租户和投资者对可持续性的需求日益增长。拥有绿色建筑认证意味着项目采取了一系列可持续性措施，包括能源效率、水资源管理、材料选择等方面的优化。这些举措满足了租户和投资者对可持续性的要求，使项目更具吸引力。二是降低运营成本。绿色建筑通常在能源和资源利用效率方面表现出色。这意味着项目的运营成本相对较低，因为能源消耗较低、水资源利用效率高，维护和管理成本也相应降低。租户和投资者看重这些降低成本的潜力，因为这有助于提高项目的长期投资回报率。三是提高市场价值。绿色建筑认证可以增加建筑项目的市场价值。认证项目通常受到更高的评估和估值，因为它们在长期内具有更高的可持续性和稳定性。这对于投资者来说是一项重要的优势，因为它意味着他们的投资更有可能保值增值。

（2）绿色建筑认证还可以吸引更多租户和投资者。这些受认证项目的吸引力影响，因为它们看中了以下几个方面：一是租户偏好。越来越多的企业和个人租户偏好位于绿色建筑中的办公室和住宅。这些租户认为这些建筑能提供更健康、更舒适的工作和生活环境，从而提高了员工的生产力和生活质量。租户通常更愿意支付额外费用以租用认证建筑。二是投资者兴趣。绿色建筑认证项目吸引了更多投资者，尤其是那些专注于可持续性和社会责任的投资者。这些投资者更愿意将资金投入认证项目，因为它们符合其投资战略，有利于实现可持续性目标。

（3）绿色建筑认证有利于提高项目的投资回报率。这体现在以下几个方面：一是减少运营成本。认证项目通常在运营成本方面更具竞争力，因为它们采用了能源效率措施、水资源管理策略和废物减少方法。这降低了项目的能源、水资源和维护成本，从而提高了投资回报率。二是租金溢价。租户通常愿意支付更高的租金来获得在绿色建筑中的空间。这种租金溢价有利于提高项目的租金收入，进一步提高了投资回报率。

（4）绿色建筑认证在当今市场中已经成为一项重要的竞争优势。拥有认证的建筑项目不仅在环保方面表现出色，还能满足不断增长的可持续性需求，吸引租户和投资者，并提高投资回报率。

2. 节能和资源效率

（1）能源效率是绿色建筑认证中的重要方面之一。认证项目通常需要采用一系列措施来减少能源消耗。这包括选择高效的绝缘材料，使用节能照明系统，优化建筑的热量和冷却管理，以及采用可再生能源系统，如太阳能板或风力发电。通过提高能源效率，认证项目可以降低能源成本，减少温室气体排放，并在长期内实现可持续的能源管理。

（2）除了能源外，水资源也是绿色建筑认证关注的焦点。项目需要采用节水设备，如低流量水龙头和淋浴头，以减少水的浪费。此外，项目还可以收集和再利用雨水，用于灌溉和冲洗，从而进一步减少用水量。这些措施能保护宝贵的水资源，降低水费成本，同时能减少对水资源的不必要压力。

（3）绿色建筑认证要求项目在材料选择和资源利用方面更加可持续。这包括使用回收材料，优化建筑设计以减少浪费，最大限度地减少废弃材料，以及选择生产过程中对环境影响较小的材料。通过这些做法，认证项目可以减少资源消耗，减少废物产生，降低成本，并减少对自然资源的依赖。

（4）室内环境质量对于员工和居民的健康和舒适至关重要。绿色建筑认证要求项目采用健康和环保的室内材料，减少挥发性有机化合物（VOCs）的释放，提供良好的通风系统，确保室内空气质量达标。这些措施有利于创造一个更健康、更舒适的室内环境，提高员工的生产力和生活质量。

3. 环境保护

（1）绿色建筑认证在环境保护方面发挥了重要作用。认证项目的设计和运营通常旨在减小对环境的不利影响，采取一系列措施来实现环保目标。一是减少碳足迹。绿色建筑认证要求项目采取能源效率措施，以降低碳排放。这包括使用高效的绝缘材料、采用可再生能源系统、优化建筑设计以最大限度地减少能源消耗等。通过这些举措，认证项目可以减少对化石燃料的需求，减少温室气体的排放，有助于缓解气候变化。二是水资源节约。水资源是有限的，因此，绿色建筑认证项目通常采取措施来节约水资源。这包括使用低流量水龙头、收集和再利用雨水、采用节水灌溉系统等。通过减少用水量，认证项目有利于保护水资源，尤其是在干旱地区。三是废物减少。废物产生是建筑项目的一个重要环境问题。绿色建筑认证要求项目采取措施来减少废物产生。这包括减少建筑材料的浪费、选择可再生和可回收材料、制订回收计划等。通过降低废物产生，认证项目可以减少对垃圾填埋和焚烧的需求，减轻了环境负担。四是生态系统保护。认证项目通常也关注保护周围的自然生态系统。这包括保留原生植被、减少对野生动物栖息地的干扰、使用环保的景观设计等。通过这些措施，认证项目有利于维护生态平衡，保护植物和动物的多样性。

（2）绿色建筑认证对环境保护的影响在项目的整个生命周期内都持续存在。这包括设计、建设、运营和拆除阶段。一是设计阶段。在设计阶段，认证项目需要考虑建筑的可持续性，包括能源效率、材料选择、室内环境质量和生态系统保护等。这需要与建筑师、设计师和工程师密切合作，以确保项目在环境保护方面采取了综合性措施。二是建设阶段。在建设阶段，项目需要严格控制建筑过程中的环境影响。这包括管理建筑废物、控制水资源使用、减少噪声和空气污染等。同时，还需要确保建筑材料的来源合法，避免对自然资源的滥用。三是运营阶段。在运营阶段，认证项目需要持续监测能源和水资源使用，维护室内环境质量，管理废物，以确保项目在整个生命周期内保持高水平的环保性能。这包括定期的维护和检查，以保持建筑的可持续性。

第三节　建筑企业的可持续发展策略

一、可持续经营战略

建筑企业的可持续经营战略是确保企业在满足当前需求的同时，不损害未来的需求和资源。这种战略的制定和实施包括经济、环境和社会层面。

（一）经济可持续性

在经济层面，建筑企业需要关注以下几个方面：

1. 成本控制和效率提升

建筑项目通常涉及大量的资金投入，因此成本的有效管理至关重要。采用节能技术是一个关键策略，通过减少能源和资源的浪费，可以降低项目成本。这包括使用高效的绝缘材料、LED 照明系统、智能控制系统等。通过这些措施，建筑企业可以在建设和运营阶段降低能源成本，提高盈利能力。

另外，优化设计和施工过程也是降低成本的重要途径。采用先进的建筑信息建模（BIM）技术可以提高设计的准确性和效率，减少设计错误和重复工作。施工阶段的项目管理和资源分配也可以通过创新的方法来优化，以确保成本控制在可接受范围内。成本管理不仅能提高项目的竞争力，还能确保企业的长期盈利。

2. 多元化收入来源

传统上，建筑企业依赖于特定类型的项目或客户，这会使企业在市场波动时更加脆弱。因此，建筑企业需要寻求不同类型的项目和客户，以降低市场风险。

多元化收入来源可以通过扩大服务范围、进军不同地理区域或涉足不同市场领域来实现。例如，建筑企业可以在住宅建筑之外，拓展到商业、工业或基础设施建设领域。同时，开拓国际市场也可以为企业提供更多机会。多元化的收入来源有利于平衡企业的收入流，使其更具弹性，能够应对市场的不确定性。

3. 长期投资规划

建筑企业的长期投资规划对于经济可持续性至关重要。这包括考虑可再生能源项目和绿色建筑，以确保未来的可持续经济增长。可再生能源项目，如太阳能电池板和风力发电，不仅可以降低企业的能源成本，还可以为企业创造新的收入来源。这些项目通常具有较短的回报周期，因此对企业的财务状况有积极影响。

此外，绿色建筑项目也有潜力提高企业的竞争力和市场价值。越来越多的客户和投资者关注可持续建筑，因此，参与这些项目可以为企业带来更多机会。长期投资规划需要综合考虑项目的风险、回报和战略目标，以确保企业能够在未来实现可持续的经济增长。

（二）环境可持续性

在环境层面，建筑企业需要采取以下措施：

1. 碳足迹管理

碳足迹管理是一项重要的实践，有助于建筑企业度量、监控和减少其项目的碳足迹。这包括测量项目在建设和运营过程中产生的温室气体排放，如二氧化碳（CO_2）、甲烷（CH_4）和氧化亚氮（N_2O）。通过降低碳足迹，建筑企业可以减小其对气候变化的负面影响，并提高其环境声誉。

碳足迹管理的实践包括以下步骤：

建筑企业需要收集与项目相关的各种数据，以便准确测量碳足迹。这些数据包括但不限于：一是能源消耗。记录建筑在建设和运营阶段的能源使用情况，包括电力、天然气、燃料油等。二是材料使用。跟踪所使用的建筑材料的来源、生产过程和运输情况。三是交通运输。估算与项目有关的运输活动，包括原材料和建筑人员的运输。四是废弃物产生。记录废弃物类型和处理方式，以评估废弃物的碳排放。数据的准确性对于后续的分析和决策至关重要。因此，建筑企业需要借助传感器、计量设备和合作伙伴来确保数据的可靠性和全面性。

一旦数据收集完毕，接下来是对这些数据进行分析和评估，以确定碳排放的主要来源，并识别潜在的减排机会。这包括：一是碳排放源识别。识别建筑项目中的主要碳排放源，如能源使用高峰、材料制造过程或长途运输。二是排放因素计算。使用相应的排放因素，将能源消耗和材料使用等转化为碳排放量。三是风险评估。评估碳排放的潜在影响，包括气候变化、法规遵从和声誉风险。通过深入分析，建筑企业能够更好地了解碳足迹的结构和关键因素，为后续的减排策略制定提供基础。

基于分析和评估的结果，建筑企业制定减排策略，采取措施来减少碳排放。这些策略包括：一是改进能源效率。采用节能技术、设备升级和建筑设计优化，以降低能源消耗。二是使用低碳材料。选择环保材料，降低建筑材料的碳足迹。三是供应链优化。与供应商合作，优化原材料和产品的运输和生产过程。四是可再生能源应用。增加太阳能、风能等可再生能源的使用。这些策略不仅能减少碳足迹，还能降低能源成本，并改善企业的环保声誉。

建筑企业还需要建立监测和报告系统，以跟踪减排策略的实施情况。监测可以确保减排目标得以实现，报告则可以向内部和外部利益相关者传达企业的碳足迹管理成果。内部报告通常用于决策制定和绩效评估，而外部报告则需要遵守法规要求或满足投资者和客户的透明度要求。建筑企业应确保报告准确、全面，同时积极参与碳市场或碳抵消项目，以进一步降低碳足迹。

2. 可再生能源应用

（1）太阳能电池板。应用太阳能电池板的优势包括：一是减少电费。太阳能电池板可以将阳光转化为电能，减少对传统电网的依赖，从而降低电费成本。二是碳足迹减少。使用太阳能电池板可以减少碳排放，有利于应对气候变化。三是可持续性。太阳能是一种可再生能源，阳光几乎不会枯竭，因此具有可持续性。

（2）风力发电。风力发电的优势包括：一是低碳电力。风力发电不排放温室气体，对环境友好。二是可再生性。风力是一种不会枯竭的资源，因此具有可持续性。三是节能。风力发电可以降低建筑物的电力成本，提高能源效率。

（3）地源热泵。地源热泵优势包括：一是高效节能。地源热泵比传统暖通空调系统更高效，可降低能源消耗。二是环保。它不排放有害气体，对环境无害。三是长期可维护性。地源热泵系统通常具有较长的寿命和低维护成本。

（4）生物质能源。生物质能源的优势包括：一是可持续供应。生物质能源可持续供应，不会耗尽。二是减少废弃物。生物质能源的使用有利于减少农业和林业废弃物。三是碳中和。生物质材料燃烧时释放的二氧化碳与植物生长时吸收的二氧化碳相平衡，因此具有较低的碳足迹。

3. 循环经济实践

（1)可循环建筑材料。建筑企业可以选择使用可循环和可再利用的建筑材料，以减少资源的消耗和废弃物的产生。这包括：一是再生材料。例如再生混凝土，通过回收和再加工废弃的建筑材料制成。二是可持续木材。采用认证的可持续森林管理标准,确保木材的合法和可持续来源。三是可回收材料。例如可回收金属、玻璃和塑料，以便将其再次利用。

（2）废物减量。通过精细规划、管理施工和拆除过程，建筑企业可以减少废弃物的产生。这包括：一是材料优化。精确计算和订购材料，以避免材料的浪费。二是废弃材料的再利用。将废弃材料再次用于项目中，而不是将其扔掉。三是废弃物分类和回收。在工地上建立废弃物分类系统，以便回收可再利用的材料。

（3）资源回收。建筑企业可以建立资源回收系统，将废弃材料重新加工并再次利用。这包括：一是建立回收供应链。与回收和再制造企业建立合作关系，将废弃材料送往再加工和重新利用。二是再制造。将废弃材料加工成新的建筑元素，以减少对原始资源的需求。

（4）设计考虑。在项目设计阶段，建筑师和设计师可以考虑材料的可循环性和可再利用性。这包括：一是材料选择。选择具有良好可再利用潜力的材料，并确保它们在项目结束后可以轻松分解或回收。二是模块化设计。采用模块化设计，以便更容易拆卸和重新组装建筑元素，延长其使用寿命。

循环经济实践有助于建筑企业降低成本、提高资源利用效率，同时减小环境影响，促进可持续发展。通过在整个建筑项目的生命周期中实施这些措施，建筑企业可以为社会和环境创造更大的价值。

二、社会影响评估与报告

（一）社会影响评估

社会影响评估是建筑企业在项目规划和执行过程中的重要环节，旨在评估项目对社会的影响，包括正面影响和负面影响。

1. 评估框架

建筑企业在进行社会影响评估之前，首要任务是制定清晰的评估框架。这一框架的建立是确保评估过程有条不紊进行的基础。评估框架应涵盖以下关键要素：

第一，评估范围。明确定义评估的范围，即评估将覆盖的社会因素和影响范围。这包括但不限于就业机会、社区参与、文化遗产保护、健康与安全等。

第二，评估目标。制定明确的评估目标，以确定评估过程的关注重点。目标应与企业的可持续发展战略相一致，如减小负面影响、提高社会价值、提升社区关系等。

第三，评估方法。选择适当的评估方法和工具，以便实施评估。这包括定性和定量研究、社会调查、参与式方法、数据分析等。

2. 收集和分析

在项目启动前，建筑企业需要进行数据收集和分析，以便更全面地理解项目可能产生的社会影响。数据的收集和分析应包括以下关键步骤：

第一，社区参与。与当地社区建立良好的沟通和合作渠道，以获取他们的观点和反馈。社区参与是评估过程的重要组成部分，有助于企业发现潜在的问题和机会。

第二，问卷调查。进行社会影响调查，以获得社区居民和其他利益相关者的观点和建议。问卷调查可以定量地捕捉社会影响数据。

第三，文献研究。检索相关文献和研究，以获得与项目地区和社会因素相关的信息。这有利于建立评估的背景知识。

第四，数据分析。对收集的数据进行详细分析，以识别可能的社会风险和机会。分析结果应该是客观的、可量化的，以便为决策者提供有力支持。

3. 相关者参与

在社会影响评估过程中，建筑企业应积极促进各利益相关者的参与。这包括社区代表、政府部门、非政府组织等。利益相关者的参与有利于建立合作关系，收集宝贵的信息，以及更好地满足社会需求。

4. 识别和管理

社会影响评估也有利于识别潜在的社会风险，如社区抗议、法律诉讼等。建筑企业需要开发相应的风险管理策略，以减小和管理这些风险。这包括改进社区关系、制订社会责任计划、遵守法律法规等措施。

5. 监测和改进

一旦项目启动，建筑企业需要建立监测机制，以持续跟踪社会影响的变化。这包括与社区保持开放的沟通渠道，关注社会反馈，并根据需要调整项目策略。监测和改进是社会责任的核心，有利于确保项目对社会的影响持续为正面和可持续的。

（二）社会影响报告

社会影响报告是建筑企业向各利益相关者和社会大众通报项目社会影响的途径之一。以下是社会影响报告的重要内容：

1. 透明度和公开性

建筑企业应该确保社会影响报告是透明和公开的，使各利益相关者了解项目的社会影响，包括正面影响和负面影响。

2. 报告内容

报告应包括评估的主要发现、社会影响的具体细节、已采取的措施以及未来的社会责任计划。这有利于建立信任和透明度。

3. 沟通渠道

报告可以通过各种渠道传达，包括公司网站、社交媒体、公共会议、新闻发布会等。建筑企业还可以与当地媒体合作，将社会影响信息传递给更广泛的受众。

4. 利益相关者反馈

建筑企业应欢迎利益相关者的反馈和意见，并将其纳入报告中。这有利于建立积极的关系，增加合作机会。

5. 持续改进

社会影响报告应该是一个持续改进的过程，反映了企业对社会责任的不断承诺。建筑企业应根据反馈和评估结果调整其社会责任策略和实践。

社会影响评估和报告是建筑企业实施社会责任和可持续发展的关键工具，有利于确保项目的社会可持续性，并满足各种利益相关者的期望和需求。这些实践有利于建立企业的声誉，促进长期成功。

参考文献

[1] 刘元彬.现代企业经济管理中存在的问题及解决对策[J].中国商论，2018（9）：73-74.

[2] 李骁，冯俊华.试论现代企业经济管理问题及解决对策[J].纳税，2018（7）：131.

[3] 王亚晖.试论现代企业经济管理存在的问题与对策[J].经济研究导刊，2018（3）：17-18.

[4] 范仲飞. 现代企业经济管理的意义与创新[J].商展经济，2021（10）：127-129.

[5] 曹婷婷. 浅析现代企业经济管理存在的问题和解决方法[J].经济管理文摘，2021（9）：77-78.

[6] 吴刚.现代建筑企业如何做好物资设备采购供应管理的探讨[J].经济师，2017（10）：292-293.

[7] 李富民.企业项目物资采购供应管理与实践[J].石油石化物资采购，2015（10）：60-63.

[8] 管海飞.浅析营改增后建筑企业会计核算的新思考[J].现代审计与会计，2021（6）：38-39.

[9] 丘慧慧. “营改增”对建筑企业会计核算的影响研究[J].财会学，2021（34）：153-155.

[10] 唐江涛.建筑企业会计核算的常见问题及对策[J].中国产经，2021（16）：138-139.

[11] 王建华.规范建筑企业会计核算初探[J].中国农业会计，2022（3）：63-64.

[12] 李峰.浅析建筑企业会计核算规范化管理方法[J].财经界，2015（6）：215.

[13] 甘丽坤.新收入准则下建筑企业会计核算衔接问题探究[J].财会学习，2021（23）：100-101.

[14] 檀结华.浅谈建筑企业会计核算存在的问题与对策[J].现代营销（信息版），2020（2）：8-9.

[15] 刘娜，李成.离差最大化组合赋权法的内部控制评价——基于沪深银行类上市公司数据的检验[J].价值工程，2015（12）：33-35.
[16] 毛新述，孟杰.内部控制与诉讼风险[J].管理世界，2013（11）：155-165.
[17] 欧月爱.风险管理视角下制药企业内部控制存在的问题及对策[J].会计师，2018（16）：51-52.
[18] 谢海娟，刘晓臻，王新闪.内部控制有效性对营运资金管理效果的影响[J].财会月刊，2016（6）：70-76.
[19] 谢竹云，卫尉，徐彪.企业内部控制有效性影响因素的实证[J].统计与决策，2017（14）：174-177.
[20] 徐萍.小微企业内部控制的现状及改进措施[J].现代商业，2019（24）：121-122.
[21] 许瑜，冯均科.企业内部控制有效性评价体系的构建[J].财会月刊，2020（18）：96-101.
[22] 许瑜，冯均科，李若昕.CEO激励、媒体关注与内部控制有效性的关系研究[J].审计与经济研究，2017（2）：35-45.
[23] 杨莉.萨班斯法案（SOX）404条款对内部控制有效性评估的研究与借鉴[J].辽宁经济，2017（11）：48-49.
[24] 曾欲芸.关于企业内部控制有效性评价的思考[J].时代经贸，2020（7）：81-82.
[25] 朱德胜，张菲菲.内部控制有效性、股权制衡与公司绩效[J].会计之友，2016（2）：94-100.